人生如酒，充滿甘醇與苦澀，
歷經百味變化，釀出屬於自己的無窮回憶！

推薦序 1

葡萄酒品牌
「深杯子La Copa Oscura」創辦人｜**王依亭**

　　詹蘋與我的相遇特別有趣。

　　在混亂的酒展上，這位活力十足的年輕女孩眼神充滿了躍動的靈魂感，那種對於知識的渴求，於我，就像是一種求救訊號。這種人已經不多見了，當時我對自己這麼說著。在介紹完攤位上的產品後，我留下她的聯絡方式，介紹一家接受打工度假的澳洲酒莊給她。這女孩是來真的。沒多久我就接到她去紐西蘭、美國，以及一大堆我跟不上進度的國家學習釀酒的消息。

　　人生就該是這個樣子。不論年齡、時間點、背景，當你準備好的時候，就是最好的契機點。如果每天都是一個全新的百萬開始，不花完就會歸零，你會怎麼耗費自己的人生呢？應該會卯起來花吧！我在詹蘋身上看見自己過去的離經叛道與自由嚮往，也見證最真實的美好人生劇場。這女孩讓一切都變得可能，而且變得更美好。她的主體性、自律，再結合努力、堅持，與一顆永不熄滅的好奇心，讓我們明白，很多事情是沒有性別界限的。

　　祝福台灣有越來越多女孩兒、男孩兒們站起來！勇敢為自己的人生寫下最美的篇章。

2019年6月寫於葡萄牙

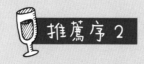

國立臺灣師範大學特殊教育學系暨復健諮商研究所教授 ｜ **姜義村** 博士
國立台灣大學共同教育中心兼任教授

當初我與詹蘋是這樣認識的……

如果你修了這門課，你將很有可能會轉系、休學、重考或是不再念大學跑去創業，假如你是在眾人的期待下才考進台大，無法承受這樣的結果的同學，請你現在趕緊收拾手邊的東西，離開這間教室，這堂課不是你可以輕易嘗試的……。

這是我第一週走進「休閒與生命教育」的教室後對擠滿教室的學生所說的第一句話，接下來我給學生們十分鐘考慮，是否要繼續留下來修這門課，通常每學期大概都會走掉一半左右的學生，有學生離開時還會碎念：「搞什麼？好不容易考上台大，修這門課可能會害我家破人亡……」；但留下來的另一半學生，卻個個充滿鬥志，眼神發亮，這群升學體系中的學霸，正磨拳擦掌準備檢視自我生命最大的挑戰課程！而詹蘋，就是那個留下來那一半的學生之一，我想，她應該也是從那一刻開始就一步步走向釀酒師的這條路吧！

「休閒與生命教育」這門課就像是一場旅程，主要是以休閒哲學角度去看待生命歷程，從工作與休閒的差別、休閒的歷史定位與正當性、生命價值觀……等不同主題一步步帶領學生走向認識自己生命的旅程。我仍然記得詹蘋在期末報告中寫著：

從前的我對「休閒」其實很有罪惡感。記得從高中開始，每次外出看電影、逛街、或看看電視、讀讀雜誌，我都會覺得「這是不是在浪費時間?是不是應該回過頭去念學校的課本……?」上了這堂通識課，我更認為「休閒」是生命不可或缺的元素。

　　看到詹蘋的新書出版，我相當開心也確認她已經勇敢踏上她的休閒人生之旅。掌握生命就是去做一些自己很有熱情的事，詹蘋做到了，希望看了這本書的您，也能做到!

舌尖上的
休閒課
:-傾聽台大休閒與生命教育之聲音!

B02702055 會計三

這是詹蘋的期末報告封面，
相當具有創意!

自序

　　民以食為天，飲食可以結合醫學、文學、美學、哲學，更可以結合休閒學。品嘗美食與製作佳餚，是我最大的休閒，在這本書中，我將我修著「休閒與生命教育」這堂課的收穫結合我最喜歡吃、也最喜歡做的美食佳餚，表達出我對課程滿滿的心得。

　　本書介紹的十道菜色製作過程都很簡單，在四個步驟以內都可以完成，讀者在閱讀之餘，也可以動手嘗試自己製作這些菜色。「美食文學」一直是我想嘗試的寫作方式，我認為食物與文字是最可以連接作者與讀者之間的橋樑。透過文字，作者能夠書寫食物對自己的意義與啟發，讀者也能感受到作者的熱情與用心。小時候讀過朱天兒的「紅燜廚娘」，這本書是散文、是食譜，以食物閱歷人生，以人生味食物，是一本讓人一看再看的好書。寫作這本書時，我期許能像「紅燜廚娘」一樣，用食物描繪人生，用人生賞食物。

　　書寫這本書時，彷彿又重新經歷一學期以來上「休閒與生命教育」的點點滴滴，除了懷念課堂上所學，寫作內容裡還含有我的反思以及對未來的想法。希望讀者能與閱書與我撰開這段美食旅程，讓我們一同來到美食的世界，探索生命，尋找真實的自我吧!

2016.1.20　詹蘋

大三時期的詹蘋，就對於未來充滿不一樣的想法!

北一女中｜**徐秋玲** 老師

　　一個高中時自稱戀家愛家的巨蟹座女孩，為何大學畢業後辭了會計師工作，就跑到紐西蘭、加州、智利去學釀酒？離開從小帶她的阿嬤，放下一直愛她支持她的爸媽，這個當過北一女儀隊旗官的學生，怎麼會變成現在這個樣子？

　　點閱以前的檔案，看到詹蘋高二上學期的自我介紹，是個拿過金鐘獎兒童節目主持人的風雲人物，自言四季都有蘋果，所以是個生命力旺盛的人，如今看來，此話倒是不假。這個學生不拘小節，擔任儀隊旗官卻必須道貌岸然，所以粗線條的她覺得上課好輕鬆社團好累。當時在台下的我，卻已經能從她的文字看到粗中有細的特性，除了平日言之有物的閱讀心得，還有高一升高二暑假完成的小論文〈超越想像的袋鼠男人〉。雖然選讀第一類組，但是從醫學科技到文學書寫，很早就可以看出詹蘋勇於冒險與越界的精神。

　　高二下學期的上台報告主題是「What I want to be?」，我請每位同學談談未來想成為怎樣的人。詹蘋說，她希望自己可以把挫折當呼吸，凡事勇敢面對，失敗後能站得起來，成為一個有紀律有效率、具備專業又以家為重的人。回顧這段話，再看看書中描寫尋夢築夢的艱辛歷程，動人的文字裡有踏實的堅持，心疼之餘，也忍不住為她感到驕傲，這個年輕人真的做到了高中時的自我期許。至於以家為重這件事，大概心在的地方就是家，真誠回應內心的召喚，就是她的歸屬與安頓吧！

　　人生最精采的部分不是實現夢想的瞬間，而是堅持夢想的過程。祝福我的學生詹蘋，走上與酒同行的夢想之路，有為者亦若是！

作者序：獻給同樣有夢的你

親愛的讀者，你有夢嗎？如果有，你有勇氣去追尋嗎？這本書不只獻給愛葡萄酒的你，還獻給有夢的你。

在台灣傳統升學體制下長大的我，從小學到大學都是標準乖乖牌，求學過程中一直都是「第一志願」，也因此成為旁人羨慕的對象。我活在虛幻的掌聲中，只喜歡別人的稱讚，從未踏實地想過自己真正喜歡什麼。大學畢業後，我意外發現自己對葡萄酒的喜好，而決心撕掉所有好學校、好公司標籤，辭掉會計師工作出國學酒，為自己的葡萄酒夢努力一回。

有夢不難，難的是築夢，更難受的是過程中的每一次傷、每一滴淚。這本書是我追葡萄酒夢的血淚史，裡頭每篇故事都是真實經驗，每一篇文章都是我一步步用腳走過，一字字用手記錄下來的。從紐西蘭到加州，從墨西哥到智利，最後來到法國，我因為葡萄酒而浪跡天涯，卻在離家最遠的地方找到離心最近的距離。從拋開過去的毅然決然到遇到挫折的自我懷疑，從離開舒適圈到找到同溫層，從獨自奮戰到遇見並肩作戰的那個他，我的生命因為葡萄酒轉了一個大彎。因為葡萄酒，我放棄了安穩的會計師職涯，遠離台

灣親朋好友的陪伴，有時候會累得大哭。但也因為葡萄酒，我開啟了刺激的釀酒師之路，遇見生命中更多重要的人，更多時候我其實開心地大笑。

　　寫這本書的時候我人正在智利，每天釀酒十二小時之餘還不忘犧牲睡眠，說什麼都要擠出時間寫下我的故事。除了與愛葡萄酒的你分享我的葡萄酒旅程，更重要的是與有夢的你分享我築夢過程中的酸甜苦辣，如果我的故事能啟發你心中夢想的種子，為你的人生帶來一點點的轉變，那便再好不過了。

　　葡萄酒，未完待續。

Contents 目錄

Chapter 1 出發前，我從會計師到釀酒師的起點

● 1. 人生的決定，自己作主！

Chapter 2 出發囉！ 我在紐西蘭&加州的釀酒工作

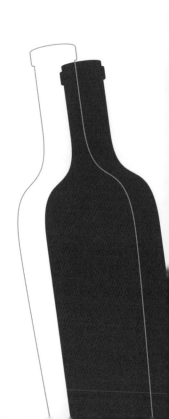

Chapter 3 下一站！我在智利的釀酒新體驗

Chapter 1

出發前，

　　我從會計師

　　　　到釀酒師的起點

1. 人生的決定，自己作主！

01 撕掉第一志願標籤，我還有葡萄酒

　　五月，仲夏，炙熱的月。對於國中生，這個月卻屬寒，他們在冷氣房裡成天埋首苦讀，因為月中即將迎接人生第一場大考；七月，初秋，卻了無秋意。對於高中生，這時天熱，頭腦也緊張得發燙，因月初的指考是考上理想大學的最後機會。這是台灣的升學環境，每年都上演著一樣的故事。每當考季來臨，街上總充斥著補習班傳單，傳單名字倒也取的有戲劇張力，像是「魔鬼衝刺班」、「醫科保證班」、「前三志願精進班」，好

似全台灣的學生都應該要接收魔鬼訓練，前進前三志願、讀台大、讀醫科。我就是在這樣的環境下長大的，學生時期的我一直都在追求考試成績，當時我熬夜念書、假日補習，對每次段考都兢兢業業，心裡一直希望能上第一志願。

　　大家都說考上第一志願就會得到很好的資源，未來找工作也更簡單。我如願以償，考上北一女還加入儀隊，三年後考上台大會計，畢業之後也很快找到好工作。只是這個願呀，說穿了其實只是迎合別人的掌聲，另外還附送兩張標籤：北一女、台大。這個標籤像是用金做的，閃閃發光卻也沉重。日常生活中好多不相干的小事都和第一志願標籤有關：像是高中時去街口麵店點個陽春麵，顯眼的綠色制服總是招來旁人竊竊私語，「唉唷北一女的誒，好厲害」「快段考了嗎？趕快買完回去讀書了」「阿姨以前也是北一儀隊耶，考試加油不要丟學姊的臉喔」哎，饒我一馬吧！我只是來買個麵；大學時又去巷口同一間麵店買陽春麵，相似的對話又出現「誒你北一女有沒有考上台大？」「哇台大！你們都出總統」「台大，那你來當我家妹妹家教好了」；大二時期到星巴克打工找錯錢，老闆驚嘆「哎你台大又會計系還會算錯唷？」對，台大也會算錯錢，北一女也要吃飯（和陽春麵）。第一志願的學生不是仙童仙女，我們其實只是當初大考分數考高了的一群，一群正常人。在第一志願的虛幻泡泡裡，其實很多人除了喜歡旁人羨慕的眼光及掌聲外，從未想過自己喜歡什麼，從未依照自己興趣探索職涯。我也是其中之一。

　　大四那年我到比利時布魯塞爾當交換學生，一個沒有人知道什麼是北一女，什麼是台大的地方。在比利時，我第一次撕掉我的標籤。沒有了標籤，我發現我什麼都不是，沒有真正喜歡的興趣，沒有除了念書以外的專長，那是我第一次覺得自己好像一個空殼，第一次覺得自己對自己不負責任。有一次問起我的比利時Buddy（照顧交換學生的當地學生）比利時最

好的大學是什麼？她疑惑地看著我說：「好像沒有最好的大學耶，像我因為喜歡商業又喜歡首都布魯賽爾，我才選這間。應該說，大家依照自己喜好選學校吧！」喜好？！這是一個從來沒有出現在我字典裡的名詞，連當初大學選系都是刪去法後按成績分配進去的我，好像從來沒想過自己喜歡什麼。撕掉第一志願標籤後，當時的我什麼都沒有。

慶幸的是，在歐洲當交換學生讓我學會獨立，學會獨立生活、更重要的是學會獨立思考。交換學生的日常生活簡單來說就是：張羅生活、張羅學業、張羅旅遊，這三種張羅全靠自己，看似簡單，但我在台灣卻從未實踐過。在台灣，我的家人為我張羅生活，有爸爸接送上下學、有媽媽處理三餐，還有阿公阿嬤時不時塞給我零用錢，我只需要念書，好好念書。在台灣，我的補習班為我張羅學業，有考前猜題、考前英文7000單，我只需要背起來，好好背起來。在台灣，我的旅行社幫我張羅旅遊，有套裝行程、巴士接送，我只需要打卡，好好打卡。

然而，來到比利時後，來自家鄉的後盾通通消失，我被迫學著長大，學著自己照顧自己。那時的生活忙碌而充實，週一固定到超級市場買食物，為自己下週伙食做準備；週二與週三集中精神上課，那裡沒有補習班，只能學著上課全力以赴。下課後，回家喝杯啤酒或是和同學到酒吧聊聊天，學著做文化交流、學著發現自己都不認識的自己；週四到週日去另一個國家旅遊，德國、奧地利、義大利、愛爾蘭……，廉航哪邊便宜我哪邊去，學著自己規劃行程、自己找住宿交通、自己探索另一個國家。

我以為在歐洲的忙碌生活會把自己擠得沒時間思考，沒想到外在生活愈忙，心裡愈靜，靜得空出一塊心田，一塊能探索自己所好的田。我不再被大大小小考試佔據，不再為迎合別人掌聲而庸庸碌碌，不再因第一志願的標籤而綁手綁腳。我學會享受生活，在為自己、為朋友下廚中獲得念書

考試以外的成就感；在和朋友聊天聚會裡看見不同世界的不同故事；在旅行中的一草一木、每一場際遇裡，探索自己所好。回台灣後，我常常捫心自問：沒有第一志願標籤，一個人在比利時生活苦嗎？苦。雖然苦，卻也苦得自由、苦得開心，苦得苦盡甘來。那時的我像一個苦行僧，離開舒適圈尋找心的自由。放掉第一志願枷鎖後，我在歐洲是個自由人，而在七個月的歐洲之旅後，我得到一份寶貴的禮物，我發現我的喜好：葡萄酒。原來撕掉第一志願標籤後的自己，還有一瓶葡萄酒。

愛上葡萄酒，從啤酒國比利時開始

　　位於西歐中央的比利時鄰近三大酒國：威士忌王國英國、啤酒大國德國與葡萄酒帝國法國。比利時把蒸餾酒的濃烈、啤酒的清爽與葡萄酒的深沉結合在一起，形成一種比利時才有的飲酒文化。有些比利時啤酒酒精濃度十二度，接近葡萄酒，啤酒吧裡還常常出現葡萄酒單，比利時人也習慣在喝完葡萄酒後來一小杯威士忌。來到比利時以前我幾乎滴酒不沾，在台灣，我夏天熱了喝手搖杯，冬天冷了吃關東煮，到朋友家開趴踢喝汽水，我的生活不需要酒精。來到比利時以後，我受到歐洲飲酒文化的洗禮，夏天熱了喝啤酒，冬天冷了喝威士忌，到朋友家開趴踢喝葡萄酒，酒開始慢慢出現在我的生活。我曾經膚淺地認為喝酒等同於買醉，因此以前的我不愛喝酒，更正確來說是我不愛人們酒後失態的醜貌。來到歐洲，我對酒有了一番新見解：清醒時飲酒是品酒，微醺時飲酒是享受，只要不喝到酒後失態或胡言亂語，酒，其實能讓生活增添許多樂趣。我這才明白李白自稱酒中仙的道理。

　　我在比利時念書時和一群國際生住在一起，因此廚房裡常常出現各國佳餚：台灣鹹酥雞、韓國泡菜海苔捲、墨西哥捲餅Taco、匈牙利牛肉湯Goulash等等。有美食當然要有美酒，韓國燒酒、墨西哥龍舌蘭、比利時啤酒都是桌上常客，當然還有最重要的葡萄酒。在歐洲超市葡萄酒大概五歐就有，不但價格便宜而且也不難喝，我和室友們每次去都是人手一瓶帶回家，每天我們都有不一樣的紅酒、白酒、氣泡酒。起初喝葡萄酒只是好玩，同學們都在喝，那就跟著喝吧！後來，我愈喝葡萄酒愈有興趣，好奇這杯物究竟是何方神聖？每支葡萄酒味道都不盡相同，還有，放在桌上一段時間後味道也變得不同，有些好像臭掉了一樣，但有些卻聞起來更香。這些特質只有葡萄酒才有，啤酒不能放開了就得喝、烈酒不論放在桌上多久味道都差不多，只有葡萄酒這麼難捉摸，讓人摸不著頭緒。

或許就是因為千變萬化的特性，葡萄酒能搭配各種不同食物，像是比利時最有名的三大美食：薯條、鬆餅、巧克力，葡萄酒都讓簡單的它們變得不簡單。吃多讓人膩的薯條，搭上一瓶紅酒不僅能去油解膩，還能讓薯條味道加分；淋滿糖漿的鬆餅配上酸度高的白酒，酸度和甜度在口中達到完美平衡，讓人一口接一口停不下來；純度七十度的巧克力配上微甜氣泡酒，氣泡酒的甜不僅沒讓巧克力顯得更苦，反而能凸顯巧克力入喉後的回甘。葡萄酒，真的很神奇。

▲ 在比利時和世界各國的朋友暢飲啤酒

二十一歲來到歐洲才開始喝葡萄酒，讓我有種相見恨晚的感覺。

在歐洲的日子因為葡萄酒的陪伴很快來到聖誕節，我被邀請到比利時朋友家作客，體會比利時人的聖誕節。聖誕節就像是外國人的過年一樣，親戚朋友齊聚一堂，家家戶戶團圓好不熱鬧。過年我們張燈結彩貼春聯，聖誕節他們佈置聖誕樹掛彩燈；我們拿紅包說恭喜發財，他們交換禮物說聖誕快樂；除夕我們圍爐吃火鍋、喝高粱，聖誕夜他們吃烤牛肉、喝葡萄酒。比利時和台灣人一樣熱情，總是拿出最好的款待賓客，聖誕節那天，朋友爸爸拿出一瓶2002年的法國波爾多紅酒。

雖然我在歐洲喝了很多葡萄酒，但大部分都是來自超市或是吧裡的便宜葡萄酒，喝到十年以上的酒還是第一次，我對那瓶酒的期待可想而知。在聖誕晚宴開始一小時前，他開了那瓶酒倒到醒酒瓶裡，那是我第一次看到別人醒酒，在瓶裡塵封十五年的紅酒終於逃脫軟木塞牢籠，一滴滴流入醒酒瓶裡，好像涓涓細流匯聚成河、成海，十五年前的酒和十五年後的空

氣接觸，一場跳穿越時空的戲碼就此上演。經過一小時，紅酒顏色倒沒有多少變化，還是如紅寶石般暗沈的紅。香氣倒是鮮明了許多，說不上來什麼香氣，反正就是紅酒香。

聖誕節放鬆喝酒，大家就不高談闊論大談葡萄酒經，喝就對了！管它什麼味道，好喝最重要！聖誕晚餐大家邊吃邊喝邊聊，好不愉快，我這個外國人當然變成焦點，比利時人好奇台灣過不過聖誕節？好奇台灣茶喝起來如何？好奇台灣過年怎麼過？在紅酒的陪伴下，大家愈聊愈起勁，僅管我法文不好，但在酒酣耳熱後竟也能用法文和比利時人聊上幾句。酒不醉人，醉人的是氣氛，那天晚餐我在紅酒與大家的陪伴下，度過了人生最棒的聖誕節，我愛葡萄酒，更愛葡萄酒帶給人愉悅的感覺。

或許是微醺，或許是酒後吐真言，那天晚餐後我這麼告訴我自己「以後別當會計師了，以葡萄酒為業吧！」。

▲ 比時人的聖誕節，餐桌上少不了葡萄酒

念書不認真滑手機，
意外滑出葡萄酒之路

　　從比利時回到台灣的那天，我除了開心見到家人朋友以外，其實佔據心裡最多的是一股回到現實的失落感，愛上葡萄酒的我回到台灣後，好似再也沒機會碰酒了。我還有一學期就從大學畢業，人生即將進入職場階段，在大學的最後一學期，我和其他同學一樣選擇準備會計師考試，不只準備台灣的，還準備美國的。為了什麼呢？盲從。我也不知道自己幹嘛要考會計師證照，反正大家都這樣做，證照多幾張就像韓信點兵多多益善。我其實不喜歡當時的自己，明明在歐洲學到那麼多獨立思考、為自己負責，還愛上葡萄酒並立志以酒為業，怎麼一回到台灣，那股為夢想努力的態度就全都煙消雲散？回到台灣，當老師或同儕都開始提及未來當會計師有多好，我又回到從前的我，傻傻的努力準備考試，再次只為了迎合別人的期待。

　　大四下我只有修兩堂課，其他時間都在圖書館裡準備美國會計師考試，週末也不例外，美其名說是念書，但其實很多時間我都在滑手機。念書會滑手機我一點都不意外，因為我念會計師考試一點動力都沒有。每天在圖書館，我心裡想的都是在歐洲的經歷還有那晚立志以酒為業的勇敢，儘管心裡千百般不願意當會計師，但我卻還在翻參考書，還報名了在關島的美國會計師考試。當好學生當慣了，要使壞不當書呆子而為葡萄酒夢想放手一搏居然這麼困難。

　　準備考試的日子裡，我每天都在現實與夢想中間掙扎，不但念不好書也沒為葡萄酒夢做什麼努力，常常念會計師念到睡著，不然就是一睡醒就滑手機。那幾個月的日子過得好虛無、好飄渺。有一天，我又在圖書館滑手機，但這天我卻意外滑到在歐洲有葡萄酒相關研究所可以就讀，只要是

商學背景都可以提出申請，另外還提供獎學金，但申請條件是必須有葡萄酒相關的工作經驗。這可讓我眼睛為之一亮，如果能回到歐洲唸研究所學葡萄酒，那我現在就有正當理由放棄會計師考試，轉而利用這段時間準備研究所申請資料，像是累積工作經驗，以準備十一月開放的研究所申請。剛好，四月的台北正在舉行葡萄酒展，酒展裡頭還有課程教人怎麼品酒，我馬上訂了一張票，隔天前往葡萄酒展上品酒課。除了愛葡萄酒外沒有任何葡萄酒相關經驗的我，希望能藉由參展抓住學習葡萄酒的入場券。那天下午滑手機我滑到了機會，是最有價值的一次不認真念書。

假日台北的信義區人潮洶湧，正在舉行葡萄酒展的世貿三館更是人山人海，西裝筆挺的廠商們把酒介紹得口沫橫飛，客人們站在攤子前面嗅聞、試喝葡萄酒，倒酒的人手從沒停過，隱身在人群中的還有侍酒師、餐廳代表還有葡萄酒收藏家。酒展裡專家雲集，一旁還有葡萄酒課程正在舉行，四月的世貿三館是葡萄酒的殿堂。

那天，我穿著布鞋背著後背包走進酒展，一個年輕大學生在葡萄酒展單獨閒晃顯得格格不入，我就像是誤入叢林的小白兔。我手中握著品酒課的票，帶著初生之犢不畏虎的心情來到了品酒教室，其實我想學的不只是品酒，我想要藉由上品酒課認識相關的人，碰碰運氣看能不能得到葡萄酒相關的工作。

教品酒的老師是個年輕的女生，她取得了歐盟葡萄酒聯合碩士，出了一本書也有自己的葡萄酒公司。她在講台上架勢十足，觀色、嗅聞、品飲，舉手投足間顯現出對葡萄酒的熱愛與自信，講起葡萄酒來更是頭頭是道，讓我點頭如搗蒜。我第一次上課這麼全神貫注，不滑手機也不胡思亂想，一小時的上課時間過得飛快，台下熱烈的掌聲響起把聽課聽到出神的我拉回現實。下課後，當品酒課的同學們陸陸續續離開，我一個人站在教

室後面等待機會和老師談話，終於教室裡只剩下我和老師。「我想學葡萄酒，如果有工作機會的話請告訴我。」連我自己都驚訝我就這樣説出口，頓時羞的面紅耳赤。「好啊，你聯絡資料給我。」她答應的爽快，但並沒有直接幫我介紹工作。

留下資料後我晃了晃其他攤子，也試喝了幾款葡萄酒，邊喝邊想起了在歐洲時那些被葡萄酒震撼到的時刻，不知道未來是不是真的有機會像那晚自己所言「以葡萄酒為業」，還是得乖乖當會計師？想到這裡，後背包會計師考試參考書的重量更顯沈重。我出神地走出世貿三館，踏著不確定的腳步搭著淡水信義線的捷運回家。台北101、大安……台北車站、中山、雙連、民權西路、圓山，我因為疲憊就這樣一路睡到圓山站，直到一通電話把我喚醒……

「在台北有一間葡萄酒專賣店正在招募工讀生，我跟老闆推薦你囉！快聯絡老闆吧！」電話那頭是剛剛品酒課的老師。

這個機會來得出乎意料，我還沒有空思考就答應了。因為沒動力而不認真念書，我卻因為這個不認真開啟了葡萄酒之路，一條我該認真的路。

04 拿到入場券了，我敢進場嗎？
星澈酒品打工與台中酒莊採葡萄

昨天背著後背包傻呼呼卻理直氣壯說要學酒的大學生，今天來到台北民生社區的一間葡萄酒小店，望著店裡如繁星點點的葡萄酒，我對未來這份工作一無所知卻又充滿期待。第一腳踏進台北的這間葡萄酒專賣店，店長坐在角落一隅，邊敲著鍵盤邊對著電腦螢幕思索，下午三點了午餐還放在桌上沒動，吧檯上還放著昨天進口商剛送過來給他試喝的葡萄酒。我猜在葡萄酒的世界裡，人們總是忘了時間的轉動。

「嗨！我是被介紹過來的工讀生，我今天來面試。」我看老闆忙得沒空理我，終於開口。

「喔抱歉！我一個人忙得出神忽略你，你了解多少葡萄酒？」老闆邊扒著午餐邊問。

「我在歐洲喝蠻多的，七大品種我大概知道……我去酒展認識了……所以……」一談到葡萄酒，我批哩啪拉說個不停。

「看起來你蠻外向的，來吧！禮拜五可以來上班了。」店長爽快地給我這份工作，轉頭繼續忙他的事。

那是四月的一個星期三下午，我拿到了人生第一份葡萄酒工作，當時的我絕對沒想到這份打工會讓我人生轉個彎。在葡萄酒專賣店上班其實很簡單，有客人的時候幫忙倒酒給客人喝，沒客人的時候就整理店面，像是用拍毛撢子拍掉酒瓶上的灰塵、清洗酒杯，或是把葡萄酒排整齊；有品酒會的時候就替客人準備酒杯和吐酒桶，沒品酒會的時候就和客人寒暄，

或是看看店裡的葡萄酒書籍；店裡如果舉辦盲飲練習（遮住酒標，透過嗅聞、觀色和品飲猜葡萄酒的活動），就幫來練習的客人侍酒，沒盲飲的話就聽聽客人們聊天。

　　這間在民生社區的葡萄酒專賣店乘載了許多關於葡萄酒的故事，我常常站在吧台後面邊擦杯邊聽著客人們聊工作、聊生活、聊葡萄酒。他曾在電子業工作，在荷蘭工作後愛上葡萄酒，會說德文的他專門進口奧地利酒，一說起奧地利的釀酒法規，總是說得口沫橫飛、忘卻時間；他是客人也是希臘酒進口商，常常在下班後來店裡點上一杯白酒或是氣泡酒，一邊說著希臘葡萄品種一邊和店長聊生活大小事；她是店長姊姊也是常客，常喝上一瓶紅酒就臉紅，酒酣耳熱後最愛和我分享從前在美國生活的大小事；他是婦產科診所院長，總是在晚上下班後來店裡練習盲飲，葡萄酒是

▲ 在星澈打工讓我遇見各式各樣的人，
更一頭栽進葡萄酒世界

他的休閒，上班一整天後他總愛來店裡放鬆心情。葡萄酒店裡，每天有好多個他與她，每個人都有自己和葡萄酒的故事，而我喜歡聽他們說故事。我喜歡葡萄酒能讓人全神投入，一頭栽進葡萄酒世界；喜歡葡萄酒總能讓人放鬆心情，一掃鬱悶，在葡萄酒店上班愈久，我不只懂愈多葡萄酒知識，還看到許多大台北的小故事。「我真的很喜歡葡萄酒」我常常這樣跟客人說，跟店長說，也跟自己說。

　　我就這樣打工到大學畢業。酷熱的七月讓人熱得頭昏腦脹，大家巴不得躲在冷氣房裡足不出戶，我卻決定到台中一間酒莊，在烈日下採葡萄、學釀酒。台灣因為氣候關係不盛產葡萄酒，但台中卻有一間酒莊利用當地生產的葡萄結合白蘭地，釀成一種特殊的加烈酒。好奇心驅使下，我來到台中后里的葡萄園採葡萄，那是我人生第一個在田裡工作的經驗。苦，卻苦的踏實。不像國外的葡萄田一排排露天生長，台灣的釀酒葡萄沿著葡萄農架在半空中鐵架長，因此要採葡萄還得彎著腰採。我們常常一採就是一整天，我除了累得腰痠背痛，還被蚊蟲叮的滿頭包，回到房間後還得和大家擠大通舖。從未有過的農村採收常常讓我身體快吃不消，但我在這裡遇到的人卻讓我對這份辛苦的工作甘之如飴。

　　種葡萄的莊主是一位年近六十的阿伯，個性豪邁，但對每串葡萄卻是細心照料。每天傍晚工作完後，他總愛把大家聚集到庭院，請大家吃上一

▲ 后里的樹生酒莊採葡萄初體驗

桌道地農家菜以慰勞辛勤工作的大家。他愛喝酒，白蘭地一杯接一杯但卻千杯不醉，隔天還能五點到田裡工作；他愛說故事，總向年輕人們娓娓道來當年台灣農村社會的事情。我就這樣喝著、聽著，體驗在台北沒有的農村生活，愛上這裡的腳踏實地。釀酒師是一位個性直爽卻有智慧的老師，他在法國學習釀酒卻決定回來為台灣農業盡一份心力。他知道台灣因為氣候關係不盛產葡萄，葡萄酒因而不比國外出色。所以除了葡萄酒外，他還費心研究蕃薯燒酎，希望用蕃薯釀酒，能讓比比皆是、品質良好但卻價格便宜的台灣番薯因為變成酒而身價翻倍。在台中，我在葡萄田裡工作，聽到、看到與學到的不只是如何釀酒，還有一群人對土地的熱愛。「我真的很喜歡葡萄酒。」採葡萄時，我總是這樣跟莊主說，跟釀酒師說，也跟自己說。

　　進入事務所上班前，我給了自己兩張葡萄酒入場券，不僅體驗了釀酒工作，也站在葡萄酒最前線和客人接觸。只是拿到入場券了，我真的敢拋掉大學所學的會計，一腳踏進葡萄酒世界嗎？

2017世大運在台北，我卻受到美國總教頭的啟發

05

2017年，世大運在台北。那年的台北夏天如往年燠熱，來自世界各國運動員的熱情使台北熱得更令人振奮。台灣第一次舉辦如此大規模的國際賽事，來自世界各國的大學運動員在那年夏天湧進台北，年輕人們紛紛站起來當志工，為世大運貢獻己力。那年的我也被世大運的熱血吸引，選擇在美國代表隊當地陪，協助美國隊處理隊上事務。原本只是想在變成生命了無趣味的上班族前，為自己的人生再奏上一筆精彩的插曲，沒想到卻意外受到副教練Nels的啟發，決定為夢想放手一搏，把藏在心中已久的葡萄酒夢付諸實行。

Nels是個充滿活力的大叔，六十歲的他卻有著比十六歲青年還多的熱情，在整場世大運期間，奔赴各體育館為不同美國選手加油，在場邊又吼又叫的他臉上總是掛著熱情的笑容。在休息室裡看到他時，也沒有因為整天在外奔波而面顯倦容，好似擁有用不完的體力一樣。他，其實不是教練，而是一位美國旅行社的老闆，因為想為美國體育盡一份心力，而一手包下代表團來台的機票與飯店事宜。他大可不必奔波於體育場裡，而只待在辦公室指揮他的團隊，但他的出現能帶給運動員們向心力，讓年輕運動員們像是吃了一粒定心丸而能專注比賽。有一天在辦公室裡，我坐在他旁邊看著他排的密密麻麻的行程表中，還要再另外排出時間到小巨蛋觀看男籃隊決賽，我忍不住問了……

「你會不會累呀，我看你這趟台灣之旅都不曾休息，你一定是工作狂。」

「我愛旅遊、我愛台灣、我愛我的工作呀。」

愛工作？美國人真的蠻浪漫的，我心想。

「Serena你喜歡什麼？」

「葡萄酒吧，我剛從台中酒莊採葡萄
　回來，還在葡萄酒店打工。」
「哈！酒鬼！那你喝酒會累嗎？」
「想到葡萄酒就不會累呀。可是葡萄
　酒是興趣，不是工作。而且，我九
　月要去會計師事務所上班了。天
　阿！我覺得我以後會很痛苦。」
「那你幹嘛去事務所，去酒莊上班
　啊！」

▲ 2017年世大運，我當了美國代表隊的地陪

　　「那你幹嘛去事務所，去酒莊上班啊！」這句話有如當頭棒喝，但那時的我已經拿到一份很好的事務所工作，去酒莊上班就好像把葡萄酒從我生命中的配角變主角一樣。台灣因為氣候環境不適合釀酒葡萄生長，所以沒有很多酒莊，要去酒莊上班就要出國，但出國學酒，去哪裡學？我不當會計師了嗎？萬一遇到挫折怎麼辦？Nels一句不經意的話卻在我心裡掀起一股波濤。

　　他終於喬出時間去看男籃總決賽，而我是不是也喬得出時間去酒莊工作？應該說，我夠不夠勇敢這樣做？

　　那天晚上，小巨蛋即將舉行男籃冠亞軍爭奪戰，出賽的是美國隊和立陶宛隊。美國身為籃球強國，在這一戰背負著非贏不可的壓力，賽前球員、教練們和Nels的緊張心情可想而知。我也很緊張，但不只是因為比賽，而是我已經偷偷下定決心為葡萄酒放手一搏。那天的對話在腦海裡不斷盤旋，理智上的我告訴自己為酒出走將是個莽撞的決定，但另一個浪漫不羈的我，卻已經寫好了酒莊的求職履歷，準備投出。當晚，我帶著混亂的思緒，和美國隊粉絲們坐在一起為美國隊加油。或許是因為過度緊張，

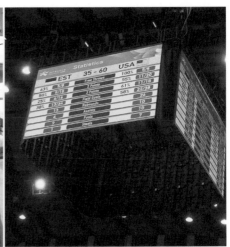

▲ 認識美國代表隊的Nels，也改變了我的人生

美國隊起先好幾次投出都沒有得分，場上球迷不斷鼓勵，但其實更多的是噓聲。或許是看比賽看到出神，抑或是心思雜亂，我竟然把籃球聯想成我的葡萄酒履歷。勇敢出手若是屢投不中，那豈不是受到來自外界的噓聲？嘲笑我是一個莽撞無知的，嘲笑我是個愛做夢的人？但若不出手，我怎麼有機會贏？就像那群球員一樣，頂著觀眾噓聲與不可輸的壓力，不斷嘗試得分。一陣歡呼把我喚回現實，美國隊終於恢復平常實力，三分球、擦板得分不斷出現，還時不時出現灌籃進球。他們頂住壓力不斷嘗試，終於等到幸運之神降臨，分數板上的分數不斷拉高，觀眾的情緒也愈來愈激昂。最後，美國隊還是輸給了立陶宛，但兩隊差距只是伯仲之間，美國隊雖敗猶榮，球迷們也為他們的努力喝采。那場比賽令人動容，是一場年輕人為了自己喜歡的事情努力嘗試的證明。在我心裡，另一場屬於我自己的葡萄酒比賽正要開始⋯⋯

當天晚上我回到房間，打開電腦，寫好的酒莊求職履歷靜悄悄的躺在桌面。是時候出手投出去了，我這樣告訴自己。或許有一天，我也能像Nels一樣喜歡自己的工作而能為此奮不顧身。

06 帶著剛發芽的夢進事務所，
邊查帳邊築夢

　　九月的第一週，我穿上襯衫、踩著高跟鞋，進入了會計師事務所當審計員。儘管得知歐洲有葡萄酒研究所可以申請，暑假去採葡萄累積經驗，最後還因為世大運的啟發開始往國外酒莊丟履歷，但還沒得到任何酒莊回應以前，葡萄酒還只是遙遠的夢想。而我才剛開始築夢，不敢就這樣放手一搏放棄大學所學，所以我還是先到事務所上班。

　　在進入會計師事務所之前，常常聽到許多關於會計師事務所的可怕謠言，像是加班加到睡在公司，週末抱著電腦在家做底稿，忙季沒日沒夜加班等等。大家都說審計員工作忙，忙得沒時間生活，忙得沒時間讓自己喘口氣，忙得沒時間有夢想。而我有我的葡萄酒夢，我不希望自己在進入事務所後會就此與葡萄酒脫節，使好不容易發芽的夢想被忙碌的工作連根拔除。我期許自己在審計員忙碌工作的汪洋大海裡，能緊抓著浮木，希望有一天能飄向葡萄酒夢的那個港口。而我的這根浮木呀，除了不斷向國外酒莊投履歷以外，另外還報名了週六下午的法文課。

　　我喜歡法文課。除了因為申請葡萄酒研究所需要第二外語的證明外，愛上法文課最大原因其實是它能幫助我實現工作與生活平衡。對我來說，學習語言的新鮮感能平衡上班的辛苦，每個禮拜六下午的法文課讓我思想跳脫工作，全神沐浴在法文與法國文化下。我總能在三小時課程結束後如鳳凰浴火重生，儘管上課時身心俱疲，但是卻能在課後因為自己法文的進步而頓覺精神飽滿，為下禮拜的工作重新充電。週六下午的法文課讓我覺得我和葡萄酒夢還沒脫節，有了夢想和目標，那麼工作雖忙卻也不至於忙得渾渾噩噩，但我不那麼幸運。

　　當事務所忙季一到，禮拜六也是上班日，我和同事們常常要在禮拜六留在公司裡做查帳底稿，一做就是一整天，法文課就此泡湯。失去法文課的精神安慰讓我一回家累得只想倒頭就睡，管它夢想不夢想，能好好睡覺補眠做一場美夢才重要。

　　連續好幾個禮拜的禮拜六我都貢獻給工作，法文課離我愈來愈遠，葡萄酒也一樣，夢想也變得愈來愈模糊。人一沒有夢想，生活就像行屍走肉。沒有靈魂的肉體只不過是個空殼，每天上班下班忙得心力交瘁，但說穿了不過只是滿足這塊臭皮囊的需求，心，餓得發慌。沒有了遠方的目標，眼光就只能一直被眼前的雜事、小事阻擋，想也想不遠，爬也爬不高，沒有目的卻用力生活，最後只會發現自己累得癱軟，卻還在原地打轉。我和事務所許多同事聊過加班這件事，它就像是必要之惡，週末如果不加班底稿就好像永遠做不完。大家剛開始當然會不舒服，但就像溫水煮青蛙，漸漸的也就習慣了。漸漸的，習慣了週末加班；漸漸的，生活被工作佔據；漸漸的，忘記自己有夢想。

　　我幾乎快習慣了事務所的加班生活。但其實，會加班不只是因為工作多，還因為自己上班浪費許多時間。每天上班第一件事就是打開skype聊天室，反正大家都在聊，如果自己先做完事情，那就會有更多源源不絕的事情排山倒海而來，那幹嘛做那麼快？不如放鬆一下。當大家都這麼想，結論就是全部留下來加班。

　　忙季加完班回家都接近午夜了，除了睡覺或是躺在床上滑手機，也擠不出力氣做其他事情。有人覺得坐領加班費也不賴，反正回家也沒事做，不如把時間拿去換金錢。但對我來說，比起加班費，那些能為我葡萄酒夢努力的時間更顯珍貴。我不願自己因為這樣的工作環境就無暇築夢，特別是我已經為夢想

踏出第一步：投履歷、上法文。更何況誰也沒有權利剝奪我為自己努力的時間，工作無權、上班聊天這種浪費時間的瑣事更無權。

　　加班加了一段時間後我終於覺醒，決定不論再怎麼忙都要留時間給自己，否則就糟蹋了我為葡萄酒付諸的努力。為了趕上每週六下午的法文課，儘管週六要加班，我早上七點就會到公司，早早做完底稿早早離開。恕我直言，我平日回家後就幾乎不再打開電腦工作，除非是萬不得已、死到臨頭，否則我晚上唸的絕對是葡萄酒相關書籍，或是法文，就算是看場電影都比繼續埋首工作好。我知道有些人或許會在背後閒言閒語，發現我一回家就下線沒上班，便會說我不負責任。但我確信自己在上班時間付出的努力絕對不少於一些上班慢慢做，下班繼續坐領加班費的人。

　　或許這麼說自私了點，但我知道自己的夢想不在會計師事務所，因此我得邊上班查帳，邊下班築夢。而築夢不難，不過是留給自己一點時間，留給夢想一點機會罷了。帶著剛發芽的夢進事務所，我邊查帳邊築夢。

07 投遞兩百多封履歷，
終於收到一封來自紐西蘭的信

自從世大運期間受到美國隊教練的啟發後，我就不停地向國外酒莊投履歷。我目標鎖定紐西蘭與澳洲，除了英文能溝通之外，最主要原因是南半球葡萄酒採收季節大約是三月到五月，若是真的拿到工作機會，我有充分的緩衝時間向事務所提離職，有時間說服家人，更重要的是有時間給自己做心理建設。

我找酒莊的方式很土法煉鋼，人人都可以做到，就只是Google搜尋「wine job New Zealand」或是「wine job Australia」，而我投的工作是「釀酒師助手」，主要任務是協助完成酒莊釀酒師從葡萄收成、酵母添加到最後完成發酵等製作葡萄酒的過程，恰巧滿足我想學釀酒的願望。但在葡萄酒的世界裡，第一志願派不上用場，重點在釀酒相關經驗。當時我的葡萄酒履歷很簡單而薄弱，沒有台大會計、北一女中的這兩張免死金牌，只有葡萄酒專賣店打工、台灣葡萄園採葡萄這兩項工作經驗。比起其他國家的候選人，有人家裡有葡萄園，從小和釀葡萄酒為伍；有人大學釀酒學系畢業；有人已經到處釀酒釀了好幾年，我的履歷不但不起眼，對釀酒學一無所知，我猜酒莊的人或許根本不敢用。

從七月開始，我幾乎每一天都向三到四間酒莊丟履歷，只要一發現網站上有新的酒莊開出職缺，我就寄出履歷，還另外附送一篇動機信。我就這樣每天丟，丟到暑假結束，丟到九月開始上班，丟到十月事務所忙季開始，每一封丟出去的信都石沈大海、音訊全無。這幾個月當然難熬，每天檢查電子郵件不是沒訊息，要不就是一封謝謝再聯絡的信。那時我當然會質疑自己是不是太天真，真以為這樣無盡地丟履歷就會得到回應？當然也

質疑自己是否應該回去做會計，乖乖走回這條安全路？我開始懷疑我的葡萄酒夢不過是白日夢罷了。但慶幸的是，我有無可救藥的樂觀。雖然每次檢查郵件沒有消息，我都會大失所望一回，甚至因為害怕自己永遠得不到回音而紅了眼眶，但擦乾眼淚後，我就繼續寄，繼續傻傻地說服自己有一天一定會有一間酒莊回我。前前後後快四個月，我寄了兩百多封信，兩百多次的失望與兩百多次的不服輸，晚上偷偷哭了兩百多回，早上又給自己精神鼓勵兩百多次，心情就這樣來來回回七上八下了四個月。

那是星期四的早上，我正在雲林出差。一早起床睡意還朦朧，一想到要給主管的查帳底稿還沒做完，心裡的一片大烏雲便蓋住了南台灣的晨光。我照往常打開信箱收郵件，心裡早已準備好再一次失落，四個月下來我已經習慣以沒收到酒莊回信的失落開啟新的一天。但是，這次不一樣。「GIESEN Winery interview notification」（GIESEN酒莊面試通知），斗大的標題讓我心裡頭烏雲全散開，心裡興奮但卻又緊張得不敢打開郵件看內容。兩百多封郵件，四個月的等待，終於等到了一個面試通知。我終於鼓起勇氣打開郵件……

親愛的Serena

我們很開心通知您通過第一階段的篩選，GIESEN酒莊主管
希望能和您進行一場skype面試……

GIESEN酒莊
Cheers！

我清楚記得打開郵件的那瞬間，一股激動湧上心頭，我開心的說不出
話來。我開心自己一股傻勁終於等到好消息，更開心自己對於葡萄酒夢的
耐心能領我熬過四個月等待的煎熬。投遞兩百多封履歷，終於收到一封來
自紐西蘭的信，這唯一一封面試通知信，將決定我的未來。

紐西蘭下午與台北早上，
一場實現夢想的對話

　　面試時間是在收到信後的一個禮拜，我有一個禮拜的時間準備這場面試。我起步比別人晚，不但沒有足夠的葡萄種植學、釀酒學知識可以拿來說嘴，唯一有的工作經驗還是打工和短期的採葡萄。我猜，能讓我在面試時給紐西蘭主管留下印象的就只有「熱情」。

　　但這摸不著也看不到的熱情，可得透過一些實際行動才能化虛為實。為了在面試時成功脫穎而出，我那一個禮拜都在查GIESEN酒莊相關資料。從酒莊歷史到葡萄園地理位置；從葡萄園主要葡萄品種到酒莊著名酒款；從釀酒師介紹到創始人理念，我把酒莊資料當成參考書一樣背。那時正好是會計師事務所忙季，常常加班到十點多才回家，我總在回家捷運上拿出厚厚一大疊資料埋首苦讀，或是對著手機念念有詞，狼吞虎嚥的想把所有酒莊歷史故事、未來展望等所有資訊全都吞下肚。不知道的人或許會以為我正在念會計師考試，錯！我念書從來沒有這樣認真，不但挑燈夜戰還不放過枕上、車上、廁上這般零碎的時間，在夢想強大的推力下，我竟能如此發揮自己潛能，連我自己都驚訝。雖說如此認真主要是為了通過面試、拿到工作機會，但我卻因為上網找資料、去圖書館翻書而快速學習到許多葡萄酒相關知識，像是基礎釀酒過程或是紐西蘭地理條件與氣候，這也算是最好的副作用了。

　　準備面試除了實質資料的準備，心情調整也很重要。我從小到大都有口吃的毛病，一緊張就會支支吾吾的，嘴巴跟不上腦袋的思緒，儘管腦袋裡有千百萬個想法，但只要一說出口都會變成雜訊。投遞兩百多封才收到一封面試通知信，我有著非上不可的壓力，我當然不想在面試當天又被口吃的老毛病扯後腿，放鬆心情絕對是讓我順利踏上葡萄酒之旅的最後一個墊腳石。對

我來說，喝葡萄酒是最好的放鬆方法，但絕非要喝到酒醉來忘卻緊張，而是透過飲酒時手握葡萄酒杯、眼觀葡萄酒色、鼻聞葡萄酒氣、口飲葡萄酒味，讓腦袋只專注於葡萄酒而暫時忘記面試的壓力。五官忙了，心也就放鬆了。

　　終於來到面試那天。面試時間是台北的星期一早上八點，面試完後我還得重整心情，馬上上班。我七點半就到公司樓下，選了WIFI最強的位置靜靜地等待來自紐西蘭的skype電話響起。早上的公司靜得只有風吹紙的聲音，但我內心卻被緊張、興奮與期待鬧得不得安寧。時鐘的指針滴滴答答的，一步步地來到了七點五十，七點五十五，八點。電話準時響起……

　　「嗨Serena你好，我是來自紐西蘭GIESEN酒莊的Daron，很高興認識你……先談談你自己吧！」來自遠方的聲音充滿了濃厚的紐西蘭口音。

　　「我沒學過也沒釀過葡萄酒，我只有熱情。」天啊！我居然說出這樣浪漫的話，躲在skype語音通話後，我的臉紅得發燙。

　　「熱情？那你談談你的熱情吧！」大概是沒聽過這種回答，Daron好奇地問。

　　我把上個禮拜查的資訊一鼓作氣地說給他聽，還談到自己因為愛上葡萄酒而隻身前往台北酒展，找到專賣店打工機會，還去採葡萄。唯一沒說的，大概就是「錄取我吧！我投了兩百多封履歷才收到你的信呢！」。聽到我把酒莊資料查得如此齊全，再加上各種傻勁，他笑得開心，我想這或許是好兆頭。Daron不再問我關於我的問題，而開始介紹酒莊工作環境，像是預計釀幾噸葡萄、注入環境、交通狀況等。他的英文帶著濃厚的口音，我其實聽得一知半解，但是還是裝作慷慨激昂的嗯嗯啊啊，想要表現出我強大的工作意願。

「好，謝謝你！我們下禮拜之前會通知面試結果。」Daron掛斷電話，結束了半小時的面試。

「好！沒問題！」我語氣高昂地回答，但我心裡其實因為還要多忍受一個禮拜等待的煎熬而悵然若失。

面試後的那個禮拜，我彷彿又回到從前那四個月。起床後收信，失落後相信還有明天，明天收信，再次失望，但相信還有後天。日子在失望和希望中輪轉，終於慢慢轉到一個禮拜之後，那天正好是面試後一個禮拜，Daron通知面試消息的死線。我一起床還是沒收到信，心裡想著「完了！大概是沒錄取。」從家裡走到捷運的路上，我難掩失落，手裡握著唯一出國學酒的機會大概也被我搞砸了。我拖著疲憊的身軀和失落的靈魂，走在熟悉的上班路上，擠上捷運後又滑了一次手機，看看會不會有奇蹟出現。意外地，奇蹟真的出現了，出現在我郵件第一封的是錄取通知信！

> 親愛的Serena
>
> 我們很開心通知您被錄取了。請在一星期內回覆是否接受這份工作邀約……期待三月與您相見。
>
> Daron
> Cheers

我緊盯著手機螢幕不敢置信。那天早上一場實現夢想的對話，終於把我領到葡萄酒路上了。

黃湯下肚，辭吧！離職有順序

夜深了，世界靜得只剩我和書桌上的工作合約書。一早拿到酒莊合約的興奮經過一整天沈澱，變成夢想的重量。這份合約我簽是簽定了，但我該怎麼向事務所主管開口提離職？更重要的是，我該怎麼向父母開口？

我從未跟任何人提起我向國外酒莊寄履歷這件事，同事沒有，朋友沒有，父母更沒有，四個月以來的患得患失都是自己承擔。在台灣，辭掉事務所工作而去國外學釀酒絕不是稀鬆平常的事，就連自己都花了一段時間才說服自己葡萄酒就是我的天職。經過日日夜夜地期盼，這份得來不易的合約書現在就躺在眼前，我當然不允許任何反對聲音拉著我，沒有人有資格擋住我往夢想邁進，公司主管，甚至是父母都不能反對。因此，我給自己倒了一杯紅酒，簽下合約，寄回紐西蘭酒莊。

這麼一來，紐西蘭我是去定了，我再也不擔心要怎麼說服主管、說服父母讓我去紐西蘭。我自私但卻理直氣壯的為自己做決定，我不必說服他們，我只要「告知」他們，但怎麼告知是有順序的。簽下合約書後，我開始擬定作戰計畫。我猜我的父母怕我在國外吃苦，應該會大力反對我去紐西蘭，因此我選擇先跟事務所主管說，等確定拿到離職同意書後再向父母報備，那時他們想擋都來不及了。這手段或許狠了一點，但人生是自己的，父母總不能為我計劃一輩子。

那晚一杯葡萄酒下肚，我簽下紐西蘭工作合約。從那天起，我才漸漸開始向朋友、同事與主管，還有最重要的父母揭開隱藏在心中的葡萄酒秘密。而他們這樣對我說……

2. 告知朋友、同事與主管！

01 同溫層朋友們大力相挺

　　認識「同溫層」這個名詞時我在加州。當時世界另一端的台灣正在舉行愛家公投，選舉結果讓許多年輕人大為驚訝，這才發現原來自己和長輩想法有如此大的出入，發現自己原來一直都活在同溫層。「同溫層」比「物以類聚」又更多些哲思，一群想法相近的人不只聚在一起還相互取暖，不管其他聲音，只聽相信同類的價值觀。雖說追葡萄酒夢的過程我一向獨來獨往、我行我素，但真的拿到酒莊合約要和事務所提離職這種大事，我還是想到同溫層取暖，尋求一些支持的聲音。

　　我的同溫層大部分來自北一女，大部分來自台大，大部分來自會計系。如果以「用力考上好學校，努力找到好工作」的價值觀來衡量人生價值，我們是一群成功的人。但其實我們深知，第一志願不過是念書時的曇花一現，畢業後如果還以此說嘴，那不免顯得愛現又沒格局；找到好工作不是重點，工作後還能有時間生活、做自己想做的事，這才最重要。這就是我的同溫層，我的朋友們。

　　簽下合約後的隔天，我在Line群組裡通知最要好的大學姊妹們。我們大學一起加入系上籃球隊，每天上課、念書、打球都黏在一起，形影不離。就像在球場上使個眼神就知道對方想法一樣，生活中的我們也默契十足、無話不談。不管是關於男孩子的那些春心蕩漾，或是關於工作的辛苦心酸，甚至是一些無關緊要的胡思亂想，我們總是知道對方心裡在想什麼。儘管畢業後各自紛飛，但只要一則Line訊息、一通視訊電話就能把大

家拉在一塊。因此，大學好姐妹是我揭密葡萄酒夢的第一站，我相信在這裡能得到支持，找到溫暖。當時她在高雄事務所；她在台北事務所；她在上海事務所，十一月忙季開始後，全在會計師事務所埋頭苦幹的我們幾乎無暇聊天。但一則訊息，卻讓女孩們拋開手邊工作，在Line群組裡嘰哩呱啦的聊了一大串。

「Hi大家，我二月要辭職去紐西蘭學酒了！」一早起床，我興奮的在群組裡敲上一句。

「！」

「！！」

「！！！」

除了驚訝，還是驚訝。我向她們娓娓道來去酒展、葡萄酒專賣店打工、暑假採葡萄到最後拿到酒莊合約的故事，她們吃驚之餘卻也拍手叫好。拍手贊成，就是我要的溫暖。我一直以來都不太確定自己追夢是勇敢，又或者只是莽撞？發現所愛而勇敢追求是有勇氣，但是換個角度來說，拋下在台灣的朋友、工作、家人而出國學酒，會不會顯得自私？在群組對話裡，我的大學姊妹們告訴我人人都有夢，但築夢踏實的人卻不多。好不容易才拿到工作合約，不去紐西蘭對不起自己。她們支持的態度，的確讓我心裡踏實許多。

我還有一群高中好友。是同學也是閨蜜的我們在不同社團裡各展長才，熱音社、生物研究社、樂隊、儀隊，當時的我們有不同的興趣但卻有

相同的價值觀：念書全力念書，玩樂用力玩樂，我們總是燃燒生命式的活著。段考前我們最愛一起去不同市立圖書館念書，總愛找一張四個人的方桌，把所有課本、參考書、補習班考前補帖攤在桌上，一頭栽進念書考試的世界裡。曾在那張桌子念書的女孩們，高中畢業後有人在建築系，有人在會計系，有人在醫學系。畢業後在不同領域的我們平日鮮少往來，但一見面，話匣子便停不下來。

有次我和正在念醫學院的朋友碰面，我向她提及出國學葡萄酒這件事，好奇醫學院的學生會怎麼說？好奇醫學院的學生和我是不是也在同溫層裡？「太酷了吧！快去快去！」她這樣對我說。當初因為大考分數考高了而進入醫學院的她，對於醫生這份工作是不討厭，但好像也說不上喜歡，她就這樣在醫學院裡念了五年，畢業後也不意外地要當醫生。當初穿著綠制服同桌念書的我們，現在在不同領域各自努力，僅管未來工作天差地遠，但我們還是如當年在圖書館裡一樣，總是支持著對方。不過她好奇地問我「你和你主管、同事說了嗎？」

答案是否定的。在同溫層取得溫暖後，我準備要和主管、同事攤牌了。

▲ 我與我的大學好姐妹。拍畢業照時人在國外，姐妹們還幫我做個人形立牌和我一起拍畢業照

02 同事與主管們目瞪口呆卻拔刀相助

在會計師事務所工作，忙季時和同事相處的時間來得比家人多。朝九晚九再加上禮拜六加班，若是到外地出差甚至下班後還生活在一起。同事，這個因為工作的枷鎖而綁在一起的關係，其實也像是朋友。

在大的世界裡，台北的生活依舊繁忙如常，上班族們還是擠捷運、滑手機；在小的世界裡，我內心卻因為即將前往紐西蘭釀酒而雀躍不已；在擁擠的台北捷運裡，我的心卻擁有紐西蘭的寬闊。一下捷運，好心情就被細心的同事發現。她，和我同一時間進事務所。那段在事務所的日子我和她朝夕相處，上班時我們一起對著電腦敲敲打打，核對多如牛毛的客戶會計憑證；下班時我們一起吃飯、抱怨上班各種煩心的事，偶爾還會一起小酌一下釋放壓力。她常說我上班總是無神，不知道為什麼就是一副死魚眼樣，我當時沒和她說這全是因為我想辭職去學酒，現在，我準備要和她說這個事實。

「我準備二月辭職，去紐西蘭學釀酒。」我的話裡藏不住雀躍。

「天啊！太狂了吧！難怪妳今天容光煥發、眼睛發亮。那你準備好跟組長、經理他們說了嗎？」她驚訝之餘，腦中浮現的第一個想法是怎麼向主管們報備。

這問題我不是沒想過。十月底的事務所準備進入為期將近半年的忙季，事務所的忙是每晚加班到午夜，週六還得進公司，得來不易的週日往往累得只想倒頭就睡。在忙季提離職其實是件很沒道德的事情，雖然我才進入事務所不到一年，任何人都可以取代我的工作，但是忙季少一個人，其他同事就得分攤我的工作份量。這就是我內心膽怯，遲遲不敢向主管們

開口的原因：忙季離職對於已經加班加到天昏地暗的同事們來說，就像是火上加油。但，辭呈總是要遞出去的，不然就枉費我這幾個月來的努力。我首先和同事說出我的擔心，還有出國學酒的決心。我原以為她會憎恨我，沒想到她的態度卻大出我所料。

「你這太激勵人心了，不去不行。」她聽完後這麼對我說，並娓娓道來她曾經有過的出版業夢。她喜歡讀書，出差的時候總是帶著一本小說，擠捷運時別人滑手機她看小說，下班回家別人看電視她也看小說。她一直想去出版社工作，但卻礙於旁人眼光及期待，從不曾執行過她的夢。對她來說，在事務所的日子不算好但也不差，但曾經有過的出版社夢也就漸漸地被繁忙的工作給澆熄了。因此，看見我把夢想付諸實行，她二話不說決定和我一起向主管們報告我要離職的事。

那天中午吃飯時間，我們和組長、經理們正好同桌吃飯。一餐下來，大家沒有太多話聊，只是各個盯著餐廳的電視機，假裝在看電視。「是時候了！」我心裡想著，但嘴裡已經等不及把「我二月要離職」這句話說出來。餐桌上的氣氛頓時顯得尷尬，聚光燈全都聚焦在我身上。身為好同事的她幫我補上幾句，說我是因為找到一份紐西蘭的工作合約又很想一圓釀酒夢，但還是沒有打破僵局。我看著組長，又看著經理，他們的眼神不是生氣，反倒像是目瞪口呆。能說的我都說了，接下來就只能等他們怎麼回應。「蛤？釀酒？你手上案件做完我是沒意見啦！」組長先開口了，他一臉狐疑地看著我，不確定我這理由是編出來的還是真的。「現在小朋友都這麼酷嗎？還好你早說，我還有時間找新人進來我們組。」經理開玩笑地說。對葡萄酒也有興趣的經理對我的理由充滿好奇，追問我葡萄的相關問題。話鋒一轉，我們的對話從忙季離職轉到葡萄酒，氣氛變得更輕鬆也更愉快。

　　我很訝異同事和主管這一關過得如此簡單，經理在兩星期過後找到一個新人替補我，組長手上的案件差不多做完後，上層也沒再給我更多大案子。後來的某一天，我恰巧有時間和經理一起喝杯咖啡，好奇地問他當初怎麼一點都沒有想慰留我的意思？他才娓娓道來他的理由。「你比很多人都成熟，我因為工作而擋你不就略顯幼稚了嗎？」他的成熟，指的是發掘自己夢想還有用力追夢的勇敢。在事務所待上十年的他沒有考會計師執照，他雖然知道自己不想當會計師，卻不知道自己想要什麼。我從來都沒有想過自己成熟，我不過就是有個夢罷了。每個孩子不都有夢嗎？每個孩子都會邊玩辦家家酒，邊興奮的説我長大要幹嘛幹嘛，只是孩子長大了，都會被現實追得忘了孩提時代的夢想。我成熟嗎？或許我只是像孩子般幼稚，才沒有忘記我的葡萄酒夢。

▲ 在事務所一起奮鬥的同事兼好友們

03 出發釀酒前三個月提離職，四大的會計師主管這麼和我說

　　辭職的最後一關，是會計師。在聊怎麼過這關之前，先來談談會計師於我為何？在我心裡，會計師一直有可遠觀而不可褻玩焉的地位。他們除了必須通過難度不下大學聯考的會計師考試外，還要有過人的毅力，才能撐過那些沒日沒夜的加班，待在事務所這麼多年。另外，他們必須定期和組上經理開會以了解組上工作情況、和客戶應酬以維持良好關係。要成為一位會計師，好似要通過十八層地獄的層層考驗，才能在突破重圍，被人稱作「會計師」。曾經，這個名詞是我幻想中的未來稱呼。大學會計學課聽會計準則聽得出神時，我常幻想著未來的我坐在辦公室裡，擁有自己的辦公室、椅子、桌子，還有一大堆人崇拜。

　　現在，我坐在會計師辦公室裡，不過我不是會計師，我是菜鳥，而且我是來辭職的。我手裡握著離職單，離職原因那一欄上我只寫「釀酒」，離職日期是三個月後。會計師看了看，並沒有直接簽名，我當時心臟似被大鼓重擊，全世界靜得只剩下自己的心跳聲和會計師喃喃自語說著「釀酒？過年後去？」對，是釀酒，是過年後，我心裡有千萬個聲音吶喊著「簽吧！簽吧！」但那都只在心裡想著，我其實不敢發出一點聲響，只能祈禱。

　　唰！會計師大筆一振，我的離職申請就這樣生效了。

　　「去吧！你這理由，我不擋你。」出乎我意料之外，會計師很阿莎力地簽了，沒有替我精神開導也沒有挽留。離職，簡單得出乎意料，本以為會被挽留的會計師這關，也輕鬆地過了。辦公室裡的氣氛因為會計師的簽

名而輕鬆了許多，我們話題繞著葡萄酒聊了一會後，會計師和我談到他在事務所這麼多年的心路歷程。會計師事務所的人總是來來去去，換組、換部門、離職、復職、又離職，簽離職單對會計師來說早已司空見慣。離職的理由很多，但大可以歸為兩類：推力和拉力。大部分同仁離職的原因是推力太強，事務所的工作確實很辛苦，忙季加班常常沒日沒夜，就連禮拜六也要到公司上班。因此，很多人把事務所當跳板，洗完履歷後便找了其他公司，離職了。當然離職原因大家都包裝的很精美，例如：挑戰自己、想到業界闖蕩、想增進其他能力，但會計師其實都看得出來，這種原因他就會想慰留。若因為辛苦而想離職，那到另一間公司不辛苦嗎；若因害怕加班而跳槽，那如果另一間公司也加班呢；想增進能力？什麼能力？這很籠統。

▲ 當時我在台北工作，心卻早已飛往紐西蘭了

然而，有另外一小部分的人離職，是因為找到自己想做的事情，例如：當空姐、開餐廳、出國念書等等。這種因拉力而離職的人，會計師通常不會說什麼，簽了離職單就放人。「哎呀，這人家的人生，人家的夢，我怎麼敢擋？」會計師笑著說。簽不簽離職單，原來大有學問。

會計師爽快的態度讓我想起了吸引力法則。幾

年前看《秘密》時，記得裡頭提到：若一個人打從心裡渴望一樣東西時，宇宙自然會有力量幫助你、引導你得到你所想要的。以前對於這個想法嗤之以鼻，認為這是不科學的無稽之談。現在想想，或許有可能。當然我不是指中樂透、嫁給王子這種無需付諸努力的白日夢，我想談的是可行、實際但需要勇氣的夢想。決定走上葡萄酒之路後，我得到許多人的幫助與鼓勵，會計師支持的態度更像是一劑強心劑，讓我在人生轉彎處無後顧之憂。

　　「學葡萄酒，那你以後想做什麼？」其實這問題，我不知道答案，但即使留在事務所我也不知道以後可以做什麼。我只知道跟著葡萄酒走，吸引力法則一定會發生在自己身上，因為我是如此渴望。我的葡萄酒生涯才剛起步，除了釀造葡萄酒以外，我還想學葡萄種植學、葡萄酒市場學、葡萄酒旅遊學，我還想探索這個葡萄酒這個宇宙。至於，我以後要做什麼？有一天這個問題會被解答，在那之前，得勇敢相信吸引力法則，抓住一切資源奮力往前衝。

　　「學成了別忘了送酒回來，事務所的人很需要喝酒。」
　　出發前三個月向會計師提離職，會計師這樣對我說……

3. 萬事俱備，最後才和爸媽開口

01 離開同溫層，到對流層和爸媽攤牌

　　拿到會計師許可而確定自己能夠離職去釀酒後，我才敢跟爸媽說整件事。從小父母疼我如掌上明珠，望著我求學與求職之路一路順遂，心裡驕傲之餘，更多的是放心。從小到大我都是個不需要他們擔心的乖乖牌，自有印象以來他們對我的形容詞都是聽話、獨立。的確，我很獨立，但這回我不聽話。

　　我和爸媽同住在一個屋簷下，但從寫履歷、丟履歷、面試到拿到合約這一路過程，我都瞞著他們偷偷來。我知道愛我的爸媽因為疼愛我、捨不得我出國闖蕩，一定大力反對我就這樣拋下台灣的一切出國釀酒。因此，我選擇在一切都確定好，就連去紐西蘭的機票都買好之後，我才和爸媽說。

　　我的父母和我住在不同的同溫層。他們經過「台灣錢淹腳目」、「來來來，來台大；去去去，去美國」的時代，因此總認為埋首苦讀考上好學校、奮力工作拼升官就能夠吃飽穿暖，有錢就有未來。爸爸常常對我說小時候的他過得很辛苦，小小的身軀卻得挑著重重的菜擔上街叫賣，回家後還得挑燈夜戰、埋首念書。好不容易念到大學，長大後的他隻身到台北闖出一番事業後，才擁有現在得來不易的幸福。他常說我出生在一個最好的時代，民國八十幾年的孩子們一出生就享受台灣的民風自由、社會富裕，不知道這些幸福都是上個世代的長輩們辛苦奮鬥而來。或許就是因為我生在豐衣足食的年代，我才有多餘的力氣談夢想，但也因此我和爸媽在不同同溫層。

　　我準備好離開我的同溫層到爸媽的同溫層向他們攤牌了，想必這會是一場對流，一場熱對流。交出離職單的那天晚上，我如往常一樣因為加班而晚下班，媽媽一樣為我熱好一碗熱湯等我回家。不一樣的是，這回我不向她抱怨工作，這回，我要跟她說我已經離職了。我呼嚕呼嚕的很快把湯喝下肚，因為害怕等等即將要發生的暴風雨，一向美味的媽媽牌熱湯竟也食之無味。媽媽當時在廚房沏一壺茶，喝完湯的我拿著碗走進廚房，和媽媽愈來愈靠近，近到我們可以對話的距離。

　　「喝完啦？要不要喝茶？」她手裡握著滾燙的熱水，準備沖茶。

　　「不要。媽，我要離職去紐西蘭囉！」我邊逃避卻邊強迫自己説出口，因此説出來的話模糊不清。

　　「蛤？你在説什麼？」

　　我知道媽媽聽我聽得明白，聽得一清二楚。她的問題是：我到底在幹嘛？怎麼沒來由的就離職。

　　「我今天請會計師簽離職單了，過完年後離職去紐西蘭！」我乘勝追擊。

　　媽媽被這突然的消息驚到愣在原地，忘了手上還握著滾燙的熱水，正在沏茶。熱水流出茶壺，沿著桌邊流下，滴滴答答的聲音把媽媽喚回現實。

　　「我有機會説『不』嗎？」

　　不知是因為熱水的蒸氣或因為生氣，媽媽臉紅得發燙。

「沒有。我正在『告知』你們。」我理直氣壯，但心裡卻害怕得想哭。一直以來的乖寶寶，這次不乖讓媽媽失望了。

「去叫你爸出來。」

當媽媽把爸爸搬出來時，我知道事情大條了。從小到大，媽媽總是站在孩子這邊，當她倒戈去爸爸那時，代表一場暴風雨即將來襲。

「不用，我都聽到了。你要解釋一下嗎？還是連解釋都不解釋？反正你『告知』完了。」

爸爸站在廚房門外已經一陣子，原來他只是要來喝杯茶，現在連茶都喝不下了。房子裡頓時變得安靜。媽媽的失望、爸爸的生氣，還有我的害怕充斥整個家，原本溫馨的避風港頓時變成暴風雨中心。

「爸媽對不起，但在罵我之前，讓我先請你們吃頓飯，讓我好好解釋吧！夜深了，趕快去睡。禮拜天晚餐我們去吃法國料理，我請客。」

我藉口明天還要上班，沒辦法被罵太久這個原因，一溜煙地溜回房間把門反鎖。留下又氣又對女兒沒辦法的爸媽愣在原地。

會想在週末請爸媽吃法國料理是我預先的計畫。首先，週末爸媽不用工作，因而能夠放鬆心情好好聽我解釋。其次，法國料理一餐下來至少三小時，他們被迫在餐廳聽我把故事從頭到尾娓娓道來，沒辦法一氣之下就離開現場。最重要的是，在眾目睽睽下，他們絕對不好意思對我發火。考量以上種種原因，禮拜天去法國餐廳用餐是我唯一能想到最好說服他們的方法。有了天時、地利，接下來就要看我表現，才能知道人和不和。

終於捱到了週末晚上，我想爸媽已經準備好一大堆問題要審訊我，想必也準備好一套說詞要說服我留在台灣。但我也是有備而來，背包裡放了兩份葡萄酒履歷、紐西蘭酒莊合約和辭職書，我想讓爸媽知道我的決心。但沒想到……

「蘋，我猜我們是攔不住你了，但你至少要讓我們放心。先別急著告訴我們為什麼突然辭職，先說你去紐西蘭住哪裡？有沒有人照顧你？」媽媽溫柔地說。

事情出乎我意料之外。原本我已經箭在弦上，準備好對爸媽的咄咄逼人作出反擊。沒想到媽媽一句擔心的問候，卻讓我眼淚潰堤。我怎麼因為夢想而把父母當成敵人了？追求夢想的過程中，即便有再大的困難，我總是倔強地不在人前掉眼淚，沒想到媽媽一句話，卻讓我一直以來累積的壓力爆炸，在餐廳裡哭了一場。

「哭什麼，我們才要哭吧！不然現在後悔不去紐西蘭也可以，台灣也有葛瑪蘭威士忌酒廠，你去那邊的話離我很近，我會更開心。」爸爸幽默地說，終於讓我破涕為笑。

我還是照計畫把我的葡萄酒故事還有我未來念葡萄酒研究所的計畫向他們娓娓道來。他們聽得入神，不敢相信每天同住在一個家的他們，竟然都沒發現我的秘密計畫。

「你還是跟小時候一樣，皮，欠揍！」爸媽無奈地說。

刀子嘴豆腐心的爸爸；
豆腐嘴豆腐心的媽媽

「你怎麼那麼皮，欠揍！」

我的爸媽最常對我這麼說。皮，是愛搗蛋的調皮，更是任性的頑皮。我覺得我的出生對爸媽來說就像是得到一顆頑皮彈，常常會有異想天開的想法隨時爆炸，而我的爸媽被迫無條件接受我的無厘頭的要求。

🍷 無厘頭之一：每天四點半起床念書，要求爸爸當鬧鐘、當司機

高中加入儀隊正逢中華民國百年國慶，幸運的我恰巧能以北一女儀隊旗官的身份躬逢其盛。雖說備感榮耀，但下課和週末的龐大練習量吞掉了許多念書時間，而高二選組後的第一次段考即將來臨。身為儀隊旗官，雖說在校不是風雲人物，但至少也是在眾目睽睽之下。或許是事實，或許是我自戀，我總覺得不管老師、同學，甚至是學姊學妹，都用放大鏡看著儀隊旗官的學業表現。

我不服輸的個性讓自己吃了不少苦頭，爸爸也一樣。為了補足被儀隊練習吃掉的念書時間，我不但每天四點半起床念書，還要求爸爸六點天一亮就帶我去學校，好讓我享受一個人的教室，比大家早一步為整天的課業做準備。爸爸因此跟著我早起。四點半鬧鐘一響，我睡眼惺忪地按掉鬧鐘，回去倒頭就睡。那段時間，爸爸的鬧鐘也跟著我設四點半，他知道我一定會按掉鬧鐘繼續睡，然後因為錯過自己的念書時間而對自己發脾氣。他懂我，因此他設了四點半的鬧鐘，只為了叫我起床。不知道的人看來，凌晨四點半父親叫女兒起床念書其實是件蠻變態的事，可能要幫我打家暴專線了。但事實是，頑皮的女兒讓父親四點半起床。

　　不只是起床念書，我還要求爸爸早上六點鐘載我學校。緊接著四點半的鬧鐘後，爸爸的另一個鬧鐘是早上五點半，因為六點我要從家裡出門去上學。六點，許多人可能還在溫暖的被窩裡夢周公，我卻堅持要出門上學。爸爸堅持載我去學校上課，除了怕我天還沒亮就出門會危險，他更在意的是我可以在車上補眠，即便多睡個半小時都好，他怕他這個寶貝女兒因為不服輸的個性而弄壞了身體。

　　就這樣，爸爸的車每天清晨路過重慶北路、總統府來到北一女，在總統府面前經過近千回後，我終於高中畢業。他四點半和五點半的鬧鐘終於可以關掉。那段時間，別人常開玩笑地說他是女兒奴，他總會回一句「她就皮啊，欠揍！」但他眼裡滿是驕傲。

　　這就是我刀子嘴豆腐心的爸爸。

▲ 對我又愛又恨的爸媽

無厘頭之二：不愛外食，要求媽媽帶兩份「不一樣」的便當

　　我的媽媽是個護士，她的病人總説她是位溫暖又親切的白衣天使，她無微不至的照顧總讓病人心存感激。在家裡，媽媽是專屬我的天使，她對我的予取予求總是有求必應。

　　她煮了一手拿手好菜。從小被美味料理寵壞了的我因此不愛外食，從小學到大學都一放學就回家吃飯。高三的我為了準備大考，每天放學都留在學校晚自習。吃不慣外頭食物又為了省下出門買飯的時間，我大膽要求媽媽為我帶兩份便當，一份中餐、一份晚餐，更欺人太甚的是：菜色還要不一樣。只見她下班後就匆忙到黃昏市場買上三到四樣青菜，一回到家就把週末就準備好的滷豬腳、烤雞腿拿出來加熱，再以迅雷不及掩耳的速度炒個青菜、蒸個蛋。一小時內，兩樣主食、四樣青菜還有蒸蛋、熱湯輕鬆上菜。她那在學校晚自習的女兒呀，明天中餐和晚餐又有口福了。她的同事總説她就像自助餐店老闆娘，每天煮了一大堆菜。他們不知道媽媽其實不只是煮菜，她的調味料還有對女兒的關愛和支持。

　　在美味媽媽牌便當的支持下，我終於熬過那些挑燈夜戰、懸樑刺股的高三生生活。現在偶爾和媽媽談起這件事，她還是會對自己當初「自助餐式」煮法會心一笑，誰叫她有個被家裡便當寵壞了的女兒。她的女兒很調皮，只愛吃家裡便當，而她也就不抱怨，心甘情願地每天準備。

　　這就是我豆腐嘴豆腐心的媽媽。

03　似懂非懂的阿嬤，其實最懂我

我是阿嬤帶大的小孩。

我生在台中新社，對我來說，那裡是一個充滿花、香菇和童年回憶的小鎮。小時候，爸爸總是週末才回家，他和當時許多年輕人一樣，一只皮箱就去台北打拼；媽媽當年還只是台中榮總的小護士，生活在大夜班、小夜班、白班之間輪轉，醫院的事情一忙起來，常常很晚才回家，或是，天亮才回家。我的成長背景像是當時農村社會的縮影，年輕人紛紛出走，留下阿公阿嬤和剛出生的小娃兒。那年我剛出生，阿嬤便扛起照顧我的責任。我不是個好小孩，常常因為起床看不到媽媽，就哭哭啼啼鬧得全家不得安寧；週末，若是爸爸不回家，就會抱著阿嬤哭，哭到睡著。阿嬤好像永遠不會生氣一樣，任憑我在她身上翻滾打鬧，即便弄得她心力交瘁，她還是會笑著說「依係心肝寶貝」（台語「她是心肝寶貝」之意）。

阿嬤哄小孩最好的夥伴是電視機，每次當我又因為看不到爸媽而哭鬧，阿嬤就

會打開「楊麗花歌仔戲」、「戲說臺灣」或是「藍色蜘蛛網」和我一起看，而我，也就閉嘴，靜靜欣賞電視機裡的人生。她會邊看邊對著電視機罵，說歌仔戲裡《貍貓換太子》這個故事多不義，《戲說臺灣》裡的蜘蛛精多夭壽。我似懂非懂看著電視機，看著阿嬤唸啊唸的，也就不哭了。她日復一日地說著、唸著，漸漸的，我長大了，上小學前那個暑假，爸媽要把我帶去台北。阿嬤不曾哭，但離開她的那一天，我看到她第一次掉眼淚。

或許對阿嬤來說，我是一隻小鳥。還不會飛的時候，賴著她，在她懷裡安穩地長大。學會飛了以後，她就默默地守在原地，看著我能飛多高、飛多遠。小學段考第一次考第一名，我就興奮地打給阿嬤，「阿嬤，我考贏台北小孩餒！第一名！」阿嬤安慰地說「金哩害，你回來，我帶你去買糖果」；剛考上北一女，我也打給阿嬤，「阿嬤，我北一女」阿嬤興奮地說：「金哩害，你回來，我煮飯吼哩甲」（台語「真厲害，你回來，我煮飯給你吃」之意）；剛考上台大，我還是第一個打給阿嬤，「阿嬤，我台大」阿嬤驕傲地說：「金哩害，你回來，我帶你去廟裡拜拜」。阿嬤一直叫我回家，可是我很少回家。等不到我回家的她，一個人看電視，一個人對著電視機說著：「長大了，變金哩害，沒時間返來。」

其實我有時間，但台北的生活更有吸引力。我有新同學、新朋友，台北的生活也比從前來的多采多姿。童年那間阿嬤的厝，在記憶裡開始變得模糊，心裡想的，也不再只有阿嬤。這就是我為什麼不常回阿嬤家。現在想起來，對阿嬤還是很抱歉，但就像每隻羽翼漸豐的鳥，我想飛。

得到爸媽允許的那個週末，我回到阿嬤家，準備和阿嬤說我要出國的事情。我來到阿嬤房間，阿嬤還是在看楊麗花歌仔戲，還是對著電視機碎碎念，只是，阿嬤頭髮全白了，她已經年近九十。

「阿蘋你返來囉？要不要喝牛奶？」她或許已經糊塗了，以為我還是個強褓中的嬰兒。

「厚啊，阿嬤。」（台語「好啊，阿嬤」之意）為了不戳破阿嬤，我總是説好，我總是會有一杯牛奶。

「阿嬤我要出國了喔，去一個很遠的地方學葡萄酒。」我終於開口和阿嬤説，但是阿嬤一開始沒有回應，只是把電視機關掉，轉身泡牛奶。

「出國？金哩害，等你回來，我再泡一杯牛奶給你。」阿嬤總是在等我，不管我飛得多高多遠，她總是希望我會飛回家。

阿嬤不懂葡萄酒，也不懂紐西蘭在哪裡，但她懂我。她懂我不甘於留在原地，她懂我一直想飛得更高、更遠。所以她不曾反對過，她總是在等我回家。

阿嬤現在老了，常常對我重複説同樣的話，總是問我想不想喝牛奶，想不想吃菜頭粿，想不想吃水果。她從不擔心我課業、工作、感情，只是一直擔心我有沒有吃飽，有沒有穿暖。阿嬤總是問一些旁人認為不重要的問題，像是我餓不餓、我冷不冷、我有沒有休息？她會為了幫我熱一個紅龜粿而忙進忙出，忙得氣喘吁吁，累得要吃藥才喘得過氣。大家唸她不懂得照顧自己，把自己累得團團轉，但大家不知道，這些其實都是阿嬤對孫女的祝福。看著自小帶大的孫女愈飛愈遠，她就只能在高飛的鳥兒回巢時，用一杯牛奶，暖了孫女的胃，也暖著孫女的心。似懂非懂的阿嬤，其實最懂我。

4. 談談我對出國追夢的態度

01 步步築夢，而非莽撞追夢

　　夢想，是一腳一腳踩出來的；一步登天的，是不可及的妄想。許多人以為我追尋葡萄酒的旅程是「突然」的浪漫，並為此羨慕不已，半開玩笑邊嚷嚷著自己也要學我離職去釀酒。我只能一笑置之。

　　事實是我已為此默默耕耘許久。從比利時的啟發到紐西蘭的合約；從葡萄酒專賣店打工到葡萄園採葡萄；從朋友與長官的相挺到父母的支持，我照著計畫一步一腳印踩出我的葡萄酒夢。萬事俱備，只等東風捎來最後一張酒莊合約，我就能開啟夢想。最後，我終於拿到酒莊合約，夢想起了頭。這時的我才開始向主管及會計師提離職。若是當初沒拿到合約，我是絕不會輕舉妄動，恣意離職的。

　　我不喜歡「只是說說」，掛在嘴邊的夢永遠只是夢。我其實很看不慣一種人，他們上班逛網拍聊skype，下班追劇滑手機，然後還抱怨著工作讓自己沒時間休息，嚷嚷著自己要離職，找自己喜歡的事。對工作的怨恨累積到一定程度，但還是繼續逛網拍、滑手機，他們不僅沒時間從工作中找到樂趣，也沒時間找自己喜歡的事，最後他們終究離職了。但沒有計畫的他們只能莽莽撞撞，隨便再找其他浮木抓著，然後邊繼續抱怨工作邊妄想自己能找到其他夢想而一步登天。莽莽撞撞，沒有目標地往前衝，最後他們會發現自己一直都在原地踏步。

　　一步登天的夢想，其實一點都不吸引人。比起追夢的結果，我其實更享受發現夢想、實現夢想的過程。雖然過程中，有時走得步履蹣跚，夢想看似遙不可及，就像在沙漠中一步步往前走，前方只有無窮盡的荒涼。但，總會出現綠洲。這個綠洲可能是遇見貴人、找到機會，又或許只是努力過後的心安理得。談到夢想，我鼓勵大家有計畫的步步築夢，而非莽撞追夢。

🍷 一旦往前跑，就不回頭了

　　從紐西蘭釀完酒回台灣那天，我哭了。原以為接機現場會是一片感動，沒想到爸爸見到我的第一句話卻讓我難過地眼淚潰堤。

　　「啊你玩夠沒？要回去事務所上班了嗎？」

　　「蛤？沒有啊，我拿到加州酒莊工作了，暑假又要出發去美國學酒。」

　　「你這樣到處打工，就是國外外勞妳知道嗎？你台大畢業去做這個會不會太浪費？回事務所當會計師多好。」

　　又來，台大枷鎖、會計師鎖鏈。我相信爸爸不是唯一一個質疑我的人，看到這裡的讀者，你或許也想問「出國釀酒跟打工度假一樣吧？打完工就該回到原來的生活。」錯，我從沒把轉職學葡萄酒當成打工度假，我已經把葡萄酒定位為終生行業，我要一輩子為它投入心血。夢想不是股票，不該有停損

點，即便追夢過程中有時如股票跌停，讓人摔得鼻青臉腫，但有心追夢的你仍不應該輕易退場。追尋葡萄酒的過程中，我目光一直都望向有葡萄酒的遠方：八月繼續前往加州酒莊、明年初申請去智利學酒、明年底預計去歐洲念葡萄酒研究所。我一直都在為葡萄酒努力，我全神專注於築夢，無瑕也不想思考失敗了的備案。我不打安全牌，因此我從沒把回會計師事務所工作當作退路；我不允許自己失敗，我為了葡萄酒不停往前跑，一起跑就不回頭了。

大家總說「回頭是岸」。但，一回頭就絕對到不了彼岸了。有夢的你，絕對不想回頭。

自己的盤纏自己帶，步伐更輕快

在追逐葡萄酒夢的過程中，我從不向爸媽拿錢，所有交通、房租、伙食費，甚至後來我到墨西哥學西文的學費，全部都是用我自己賺的錢支付。而這麼做，我換來了自由與父母的信任。

為什麼拒絕家裡的經濟支援？首先，我認為孩子在開始工作後就應該經濟獨立，為自己負責。父母為孩子庸庸碌碌、辛苦賺錢扶養孩子長大。等孩子大了、開始賺錢了，父母理應用他們賺的錢享受他們接下來的人生。另外，還有更重要的原因：用自己賺的錢築夢，更自由。

親情，是唯一一種我們無法選擇的關係。我們可以選擇愛人、朋友，但卻無法選擇家人，我們生下來就和父母、手足套在一塊兒。拿捏恰到好處的親情可以讓家庭圓滿和諧，但過多的關愛與保護，會讓人喘不過氣，最後和家人惡臉相向。我愛我的爸媽，我希望他們信任我，讓我自由自在地做我想做的事，所以我不和他們拿錢。我想讓他們知道：我做得到，而且過得很好。而我，是這麼做的。

到紐西蘭GIESEN酒莊，我拿的是三個月的工作簽，申請簽證的費用約莫是八千台幣。在出國前，我已經在事務所工作約半年，另外再加上大學打工、家教存下來的錢，支付簽證申請費用及飛往紐西蘭機票已經綽綽有餘。當然，這不足以支付我在紐西蘭三個月的生活花費與旅遊費，所以紐西蘭酒莊支薪對我來説非常重要。

在紐西蘭，酒莊除了每兩星期支付一次薪水外，大多數紐西蘭酒莊會提供伙食與住宿，因此生活花費幾近零。另外，我和同事們下班後最大的消遣就是去海邊喝葡萄酒、去山上野餐，亦或是到某人家裡的花園聊天看星

▲ 來自不同國家的外國人們初訪紐西蘭葡萄園

星,因此花在娛樂上的花費也非常少。在紐西蘭,我的錢大概都花在啤酒和葡萄酒上了吧!

　　我在紐西蘭的生活因為上班學習而忙碌充實,時間很快地快轉,來到五月。五月,南半球的初秋把葡萄田裡的葡萄樹鍍成一片金黃,酒莊裡開始瀰漫發酵中葡萄酒的香味。在紐西蘭南島工作接近三個月的我,在接近零花費下,完成人生第一次葡萄酒釀造、體驗了南島的自然風光,還認識一群釀酒師、侍酒師同事兼好友。葡萄採收季完,我用南島上班存下來的錢到北島自助旅遊兩星期。

　　說到紐西蘭自助,大家可能會想到開著露營車,載著所有家當到處跑。沒錯,對於一群朋友或是一家人來說,這是一個經濟實惠的旅遊方式,但若只有一個人,租露營車絕對不划算。幸好,孤單的背包客在紐西蘭還

有另一種旅遊方式：巴士。紐西蘭的巴士其實方便又便宜，一趟大概二十紐幣（大約四百台幣）。在北島，我靠著巴士到五個城市旅遊：威靈頓(Wellington)、納皮爾(Napier)、拉特盧(Rotorua)、方家雷(Whangarei)、奧克蘭(Auckland)。在這五個城市旅遊闖蕩時，我都住在青年旅館。一來可以省錢，把錢花在其他文化體驗上；二來，在青旅可以認識來自各國的背包客，除了能找到旅伴外，連在廚房和大家一起煮飯、用餐，都是一場文化的饗宴。

紐西蘭的下一站是美國加州。不像紐西蘭發工作簽，我到加州酒莊工作拿的是類似交換學生的J1簽證，簽證費用是一千五百美金。我還是沒向爸媽拿錢付簽證費與機票費，我用我紐西蘭賺來的錢支付所有費用。在美國，酒莊只支付薪水，不提供住宿及伙食，所有房租、生活、旅遊費都得從薪水扣。這時，就得更精打細算了。為了省交通費，我找房子目標只鎖定酒莊附近。當然事情一開始並不簡單，因為我找房子找得比別人晚，因此很多房子都已經被租走了。另外，我還遇過來自智利的女毒梟想以昂貴的房租租一張沙發給我，她可能是吸大麻吸到瘋了。歷經百般困難，最後我很幸運地找到一間騎腳踏車十分鐘就可以上班，房租價格約六百美金（在加州算是便宜），而且房東一家人視我如己出的房子。

加州擁有許多葡萄酒的學習資源，像是我家附近就有一間葡萄酒圖書館，因此可以免費借到許多專業的葡萄酒教科書。另外，離我家開車十五分鐘的聖塔羅莎青年大學(Santa Rosa Junior College)也有葡萄酒相關課程可以修習，一堂課約莫五百美金。在加州當酒莊實習生是學習葡萄酒最划算的時間點。首先，教育資源就在家附近，不必買機票出國學，因此省下一大筆交通費。另外，加州各個酒莊通常會給在同產業的釀酒實習生免費的葡萄酒試飲，因此在加州，能以最有效率且花費最低的方式學習。

除了工作以外，在加州當然少不了到舊金山、洛杉磯等知名旅遊城市旅遊。小時候覺得遙不可及的舊金山，現在像是我家後花園，不塞車一個半小時就可以到，一天來回絕對沒問題。不在舊金山住，絕對能省下一大筆錢。另外，娛樂產業的家鄉：洛杉磯，搭飛機也約莫三小時就會到。我事先查好機票，選擇感恩節附近最便宜的一天，趁感恩節假期與朋友到洛杉磯旅行，還遇到黑色星期五全美血拼大打折，我趁此機會一次購足生活所需，又省下一筆錢。加州雖然是個生活花費高的地方，但若是事先做好資料，把錢花在刀口上，還是可以學到葡萄酒，又可以享受人生。

我在紐西蘭、加州都有收入，但接下來的墨西哥我純粹只是個學西文的學生，只會有支出。但是，我還是不向爸媽拿錢。在墨西哥的一個月裡，我住在好朋友家，省去所有住宿費。因此，我需要負擔的就只有學費和生活費了。幸運的是，墨西哥的物價水準大約是加州的一半，或甚至不及。我領加州的薪水在墨西哥花，絕對能吃飽穿暖，還可以旅遊。

我有一對愛我的爸媽，他們守在台灣看著世界另一端的女兒不斷闖蕩。一開始，他們很擔心，試著想替我準備盤纏，但我都拒絕了。我向他們展現我的獨立以換取他們的信任。現在，我的父母更像是朋友，給我更多精神上而非物質上的鼓勵。我的人生哲學：自己的盤纏自己帶，步伐更輕快。

Chapter 2

出發囉!
　我在紐西蘭&加州的
　釀酒工作

1. 第一站：紐西蘭

01 不會開車就得騎腳踏車來回三小時；或是，勇敢開口解決問題

　　我終於來到紐西蘭。在飛機上鳥瞰葡萄園，諾大的葡萄園座落在山與山中間，就像是一排排由葡萄樹織成的毛衣，輕輕蓋在紐西蘭這片淨土上。紐西蘭不愧有「白雲之鄉」的稱號，天空像是一片蔚藍的畫布，任由千變萬化的白雲在其上作畫。站在紐西蘭天地之間的我，竟有種如夢似幻的感覺。在紐西蘭開車絕對是一種享受，能享受優美的自然風光，任憑自然風拍打在臉上，時不時還會有正在吃草的牛群、羊群抬頭望著疾速而過的車。這美好一切的前提是，會開車。而我，不會開車。

　　我在台北住慣了，被方便的捷運、公車和Ubike寵得不需要學開車，以為全世界都有便捷的大眾運輸系統。直到離開台北來到紐西蘭，從一個都市叢林來到羊比人多的國度，這才體會到不會開車約等於不會走路。在紐西蘭，不會開車的我硬著頭皮，以腳踏車代步。

　　我在紐西蘭的住家距離上班的酒莊大約二十分鐘車程，同樣一段路，開車二十分，騎腳踏車卻要一個半小時。千萬別以為沿著葡萄園騎車上班是一件很浪漫的事！我上班時間是早上七點，為了準時到達，我必須早上五點半騎車出發。

▲ 每天從酒莊騎回家，一路上靜的只剩我和腳踏車。

　　那時是南半球的冬天，早上五點半不但天未亮，且體感溫度低於攝氏十度。我一個人在又黑又暗的小路上騎腳踏車，不但感覺冷風蕭瑟，身旁還時不時傳來樹葉沙沙作響，牛隻還因為被驚擾到而吼聲震天。冷風、怪聲、無窮盡的路，再怎麼喜歡葡萄酒的人遇上這情況，總不免責怪自己為何愛酒成痴，把自己推向這窘境。騎一個半小時的腳踏車其實不算遠，就像是從大稻埕騎到淡水。但那天，我邊騎邊掉眼淚，感覺這一路又冷又累又無窮無盡，我憎恨自己不會開車，後悔自己幹嘛來紐西蘭。但我還是頭也不回地往前騎，反正一直往前騎總是會到。只是，我一直哭。

　　好不容易騎到了酒莊，我擦乾眼淚不想讓同事們看見淚痕，但我卻藏不住一臉憔悴。我的主管遠遠看見我騎腳踏車緩緩接近，首先是讚嘆我過人的毅力，在清晨冷風中踩踏板一個半小時，但他緊接著坦白地告訴我每天騎腳踏車上班並非解決問題之道，我一定要自己另外為交通找其他辦法。最主要的原因是未來採收來到巔峰季節時，每天要上十二小時的班，

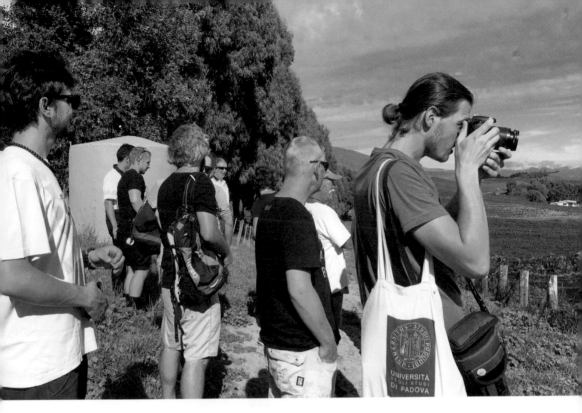

▲ 來自不同國家的外國人們初訪紐西蘭葡萄園

如果再加上來回三小時騎車，一定會累壞身體。我好不容易才得到這份工作，才不想因為騎車把自己累倒，到時候酒都沒學成就抱著病體回台灣，那可就得不償失了。但不會開車是事實，不能靠自己一腳一腳踩腳踏車上班，那只能求助於同事們了。幸虧，我有一群樂於助人的同事。

那天午餐時間，我和同事們坐在同一桌吃著紐西蘭最有名的肉派，邊大啖美食邊聊天。大家聊天聊得起勁也吃得津津有味，但卻只有我食不知味，對於聊天內容也只是嗯嗯阿阿的敷衍過去，因為當時心裡想的只有怎麼向大家開口要求幫忙。「Serena你的肉掉下去了，你怎麼好像心有旁騖？」來自義大利的Manuel問我。是時候開口了，我對自己説。「我不會開車，但我家滿遠的，和你們很多人的家都反方向，有人可以順道載我一程嗎？」大家一開始都面面相覷沒有直接回答，我直覺認為他們是因為沒

辦法但卻不好意思拒絕而不開口。拋出去的問題沒人回應，我頓時面紅耳赤，只想打個地洞躲起來。

沒想到結果卻出乎我所料。「好啊，你幹嘛不早講。」來自美國的Robert對我說。「我家離你其實滿近的，我繞過去載你好了，不遠。」看見我的問題被解決，大家拍手叫好，但緊接著愈來愈多人開口「我走路來的」、「我也騎腳踏車來的」、「我跑步來的，我差點遲到」，原來還有許多人會開車但卻沒車開，原來我不只是唯一一個上班路坎坷的人。於是有車的人紛紛舉手，把自己的住家位址告訴大家，住得近的人就一起乘車。另外，也有人提供紐西蘭買二手車的網站，讓想買車的同事們能有更多的選擇。大家湊在一起解決交通問題，一切都只為了讓每個人都能好好上班、儲備體力給葡萄酒而無須憂慮交通問題。那一刻好令人動容！看見一群素昧平生的年輕人，為了葡萄酒這個相同理念，竭盡所能地幫助對方。我想我在紐西蘭能學到的不只是葡萄酒，還能看見跨越語言與文化，盡自己最大能力幫助別人的美麗人性。

我不會開車，我可以選擇自己騎腳踏車來回三小時，或是，勇敢開口解決問題。我慶幸我選擇了後者。上班的第一天，我學會勇敢開口尋求協助，用團結的力量以更簡單的方式解決問題。

▲ 紐西蘭環境乾淨，釀出來的酒味道自然清爽

02 來自五大洲23國的46人，人多嘴雜？ 閉嘴，一起合作釀紐西蘭酒吧

　　我坐在酒莊的觀光巴士穿梭在紐西蘭的葡萄園中，上班第一天不釀酒，先從認識各種不同葡萄品種開始。導遊是種植這群葡萄的幕後大功臣，只見他帶著一口濃厚的紐西蘭口音如數家珍式地介紹他的葡萄：果實精巧如珠的黑皮諾(Pinot Noir)、味道酸中帶甜的白蘇維濃(Sauvignon Blanc)、口感平衡不澀的夏朵內(Chardonnay)……每種葡萄都有不同的外表和特性。坐在這輛公車上的人和葡萄品種一樣多元，圍繞著我的是來自世界各地共二十三個國家的四十六人，他們是我未來三個月的同事。

　　巴士上充斥著各國語言，除了最基本的英文外，還時不時出現法文、德文、義大利文、西班牙文，另外還有匈牙利文、喬治雅文、俄文，當然還少不了我偶爾冒出幾句中文。大家都對彼此都充滿好奇，一路上除了聊不同國家的風土民情外，我們這群葡萄酒鬼當然少不了談葡萄酒。當大家全神貫注地聽導遊談紐西蘭葡萄酒歷史及葡萄品種時，巴士後端開始出現類似爭執的聲音，一派說的是義大利文（基於說話帶著名的義大利手勢，我猜是義大利文），另一派說的是法文，兩派要溝通時會出現充滿口音的英文。爭吵愈來愈激烈，聽不懂這兩國語言的其他人只能彼此相望、一頭霧水，後面那群歐洲人到底在吵什麼呀？對不懂法文也不懂義大利文的我來說，現在他們就像是嗯嗯啊啊的小娃兒們嚷嚷著無意義的話，我只注意到紐西蘭陽光灑在他們臉上閃閃發亮，完全不知道那幾張動不停的嘴到底在說什麼。法國人和義大利人其實吵的是釀酒法規，他們在爭論誰的國家釀酒法規比較嚴格、困難度比較高，好像誰的法規嚴，誰就贏了這場比賽。他們幾乎吵了一整路，拿他們沒辦法又聽不懂法文或義大利文的其他人只能和彼此聊天，試圖忽略後方聲量龐大的雜訊。

▲ 和同事一起合作培養葡萄酒酵母　　　▲ 葡萄酒從葡萄園開始，認識葡萄也是釀酒師的重要課題

「在紐西蘭，我們幾乎沒有任何釀酒法規，我們可以加糖進去葡萄汁裡讓酒精程度提高。」不知道是聽得懂法文，還是巧合搭上葡萄酒法規這個話題，導遊此話一出，不僅後方爭吵聲停止，全場頓時訝然無語。先向各位解釋為何全場會驚訝得說不出話：葡萄酒的酒精濃度主要來自葡萄甜分，釀酒師通常會等到葡萄甜度到一定程度後再決定採收葡萄，讓葡萄發揮全部的自己變成葡萄酒。

加糖，就好像揠苗助長，在葡萄身上打生長激素增加葡萄酒酒精濃度。舊世界國家（多半指歐洲）覺得新世界（美國、紐澳、拉丁美洲等較晚開始釀葡萄酒的地區）國家放縱，葡萄酒這麼嚴肅的事怎麼可以那麼隨便；新世界國家的人覺得歐洲人墨守成規，幹嘛定這麼多法規來綁手綁腳，酒釀出來好喝最重要。原本是法義歐洲內戰，現在變成世界大戰了，大家紛紛開始加入葡萄酒法規這場戰役，每個人都愛國心作祟，誰也不讓誰。台灣因為氣候過於潮濕無法生釀酒葡萄，自然也就沒有釀酒法規，更沒有嚴不嚴格的問題，因此我得以逃離這場世界大戰，以立場中立的旁觀者角度聽他們為葡萄酒爭吵。

　　不管歐洲國家法規再怎麼嚴格，不管義法兩國多麼以自家葡萄酒為傲，現在大家既然在紐西蘭釀酒，就都得乖乖聽紐西蘭釀酒師的話，暫時忘卻自己國家的釀酒方法，通力合作以紐西蘭方式釀紐西蘭酒。和大多數紐西蘭酒莊一樣，GIESEN酒莊在葡萄採收忙季時二十四小時不停歇，因此我們被分為日夜班。上白班的我，每天七點踩著日出上班，每天晚上七點頂著晚霞下班。十二小時的上班時間裡，我和美國人合作加糖進去發酵桶裡；和法國人合作培養酵母；和智利人合作採樣本到實驗室。紐西蘭釀酒師釀酒工作單一下，我們就得使命必達。幸運的話，工作單上寫的僅是採樣本這種小事，但若拿到加糖進去發酵桶的工作單，那可就中頭彩了。

　　一袋糖通常是一千公斤，若靠勺子一勺勺舀，可能舀三個月都舀不完，因此加糖作業總得靠幫浦與輸送管運送糖，還得靠堆高機把糖高高架起。只在辦公室工作過的我從未想過有一天得學會怎麼用幫浦，還常常被糖弄得全身黏踢踢，被酒噴的全身髒兮兮。和外國人一起合作對我來說是一個全新的體驗，我們不僅常常在工作空檔做語言和文化交流，午餐時間更是一場美食與文化的饗宴。午餐時間一到，桌上擺了義大利人的義大利麵、美國人的烤牛肉、紐西蘭人的派，當然還少不了我的炒飯，每天的午餐時間我們都跟著食物在環遊世界。

　　不管工作或休息，來自不同國家的我們雖然人多嘴雜，卻還是合作釀酒。誰叫我們都愛葡萄酒。

03 我在wine國人身上學會更獨立

除了葡萄酒外，「獨立」是wine國人的共同特質。在酒莊工作的我們都是紐西蘭的外國人，在國外工作不像在自己國家簡單，有許多行政上的事都要自己處理：銀行開戶、外國人工作簽證等瑣事都要自己來。除此之外，會工作也要會生活，會生活更要會旅遊。在紐西蘭，除了工作，我從而也學到了生活的獨立和旅遊的獨立。

🍷 生活的獨立：不是每個成功男人背後都需要偉大的女人，不是每個女人都需要會開車的男人

在台灣，男生回家倒頭就開電視，讓女生負責煮飯洗碗還是很常見的事情。情況反過來，男女一同出遊，坐在駕駛座的也往往是男生，女生不會開車好像不是件怪事。在紐西蘭的日子裡，我在外國朋友身上完全沒看到這種男女刻板印象。不論男女，要在國外生活就得自己洗衣煮飯；要想出門，就得學會開車。多一種技能能讓生活變得更精彩豐富，有何不好，男女何必細分？

一天，我受到酒莊法國情侶安迪和艾蜜莉的邀請到他們家吃飯，一進門就聞到廚房傳來濃濃香味，女生正在切菜準備沙拉，男生則是在準備義大利麵，他們倆默契良好，在廚房裡一起做菜就好像在跳舞一樣，切菜、煮菜、洗鍋子，做每件事都默契十足，即便在狹小的廚房也不會撞在一起。「在法國，男生煮菜嗎？」艾蜜莉馬上懂我為何而問，她告訴我法國男生其實不如想像中浪漫，很多人當然也是襪子一丟，人一攤就倒在沙發上，等著女朋友或老婆做菜。「會做菜的男生總是特別吸引人，這就是安迪特別的地方。」她驕傲地看著男友，他正熟練地把義大利麵裝到盤裡，準備上菜。

▲ 紐西蘭的景色醉人，湖心的天鵝好似飄流至國外的我

　　「誰有空就誰煮嘛！我們一起旅行也是這樣，互相幫忙，生活總是簡單些。」到酒莊上班前，他們一起在紐西蘭開露營車旅行三個月。艾蜜莉開車技術一流，即便在紐西蘭山間小路裡開車也能開得又快又穩。相較之下，沈穩的安迪不愛開快車，喜歡穩紮穩打慢慢開。因此，安迪只開大馬路，一遇到山路艾蜜莉就會搶著開。這種慢郎中和急驚風的組合，卻也帶他們一起走過法國、美國、紐西蘭，走過五年，還要繼續走下去。不是每個成功男人背後都需要偉大的女人，不是每個女人都需要會開車的男人。能獨立生活，才是讓兩人生活更增溫的方式。

🍷 旅遊的獨立：一只皮箱，說走就走

　　你怎麼旅遊？是付錢全盤交給旅行社規劃行程；是和朋友一起討論規劃行程；或是，來場屬於自己，說走就走的旅行？在紐西蘭，大部分的同事們都是最後者。拎著皮箱，打開手機google map，開啟一個人的旅行。

紐西蘭酒莊的工作在五月結束，最後一天上班大家開香檳慶祝，隔天一早各自紛飛。和其他人一樣，我決定一個人離開南島，到紐西蘭北島旅遊，不會開車的我在紐西蘭一個人搭巴士也照樣玩得很開心。我踩過威靈頓、陶波、奧克蘭等著名紐西蘭大城，但令我印象最深刻的一個地方卻是紐西蘭最北方的方家雷(Whangarei)，在這裡我遇見一位特別的女孩，來自奧地利的瑪歌。她才十九歲，在高中畢業還沒上大學前給自己一年的時間（英文俗稱gap year）出國旅行拓展視野，她選擇地球另一端的紐西蘭，就是為了遠離家鄉讓自己能夠學會獨立生活。

認識瑪歌時她正在打掃青年旅社房間，她以這種打工換宿的方式在紐西蘭邊工作邊旅遊快一年，五月底就要回奧地利。「走吧！我帶你去紐西蘭螢光洞瞧瞧，那裡就像小宇宙一樣。我們會像小王子一樣在宇宙間旅行喔！」她口吻還帶著女孩的單純可愛，但經過紐西蘭一年的訓練，她儼然是個能夠獨當一面的成熟少女。她帶著我往山裡走，山路的最後是個地下洞穴的入口。河水沿著石頭一點一滴地流，那是著名的石灰岩洞穴，昏暗潮濕的環境正好是紐西蘭特有螢光蟲最愛的棲息地。螢光蟲佈滿洞穴，把黑暗的洞穴點得閃閃發亮，就像天空中繁星點點。我真有種置身宇宙間的錯覺。

「在奧地利，如果申請大學的履歷沒有gap year這年的經驗，是很難申請上好學校的。」瑪歌突然的一句話把我拉回現實。在台灣，只要會念書，不需要學會生活就可以考上好大學，好似生活技能並非人生所需一樣。沒想到在奧地利，生活技能居然是入學必備。回想十九歲的我，還耽溺於考上台大的快樂，渾然不自知自己完全是個生活白痴，衣服要媽媽洗，有時就連上學都要爸爸載。我在二十三歲時遇見瑪歌十九歲的超齡成熟還不算晚，我期許自己能更獨立，向這位勇敢的女孩看齊。

04 由奢入儉，其實很簡單！紐西蘭零花費五星級料理：撿淡菜配白酒

　　紐西蘭物價比台灣高，但我在紐西蘭的花費其實出乎意料地比台灣少。歸咎其原因，除了上班忙沒時間逛街亂買東西以外，最主要是在紐西蘭「取之於自然，用之於自然」的生活方式。我在紐西蘭的日子過得清心寡慾：無聊，不看電影，和朋友去海邊看星星；餓了，不吃夜市小吃，去海邊撿淡菜配白酒。

　　淡菜是類似蛤蜊的一種海鮮，味道鮮美且方便入菜。不論是淡菜配薯條、淡菜義大利麵，或是白酒燉淡菜，只要食材鮮美，煮什麼都好吃。紐西蘭海邊隨處可見長得密密麻麻的淡菜，在紐西蘭清澈海水的滋潤及溫暖陽光的擁抱下，這裡的淡菜又大又新鮮，常常吸引許多人前來撈上幾筆回家加菜。那天是假日的午後，我在床上慵懶地巴著枕頭，捨不得離開溫暖的被窩，每天上班十二小時還連續上班六天、好不容易的休假日我只想賴在床上。

　　「走！我們去海邊撿淡菜，義大利人他們想煮淡菜義大利麵！」我的法國室友興沖沖，碰的一聲就打開我房門。

　　「蛤？還要自己撿，不去超市買嗎？」這邊我得承認我完全是個都市俗，什麼都先想到超市。

　　「Serena起床，我們去海邊玩順便撿淡菜，晚餐有好料！」義大利人的車已經來到門口，室友替我答應的這個約，我不去是不行了。

　　因為這個突如其來的約，我嚐到有生以來最好吃的義大利麵。一上義大利人的車，車上已經堆滿著海灘必備的啤酒、洋芋片和音樂播放器，義大利人的確懂得享受生活。我們路過熟悉的葡萄園，一路往海邊開，終於眼前的風景是一片廣闊無邊的海與蔚藍的天融為一塊。我們躺在柔軟的海灘上聽著義大利音樂，喝著啤酒配洋芋片，在我義大利同事的哲學裡，在撿淡菜前得先放鬆身心、儲備體力。終於洋芋片見底，啤酒也只剩下空罐子，我們拉起袖子、挽起褲管開始尋覓今晚的主角──淡菜。成熟的淡菜通常躲在大石頭底下，翻開石頭就看得見一群群淡菜聚集成群，等著被人類收割。淡菜只能挑大顆的撿，太小的淡菜緊巴著石頭不放，不但不好撿，味道也不夠鮮美可口。為了今晚的淡菜義大利麵，大家都卯足了勁，不放過大石頭底下任何一顆淡菜，畢竟多一顆晚上就多一點好料。我和朋友們一樣，全神貫注地尋覓淡菜，專注地忘了時間，專注地忘了勞累，竟也專注地忘了煩惱，原來這就是返璞歸真的快樂。

▲ 有空閒時我們就去海邊，享受大自然也享受啤酒

經過一下午的努力，一袋袋新鮮的淡菜終於準備就緒，晚餐就等著義大利人大顯身手了。但別以為淡菜撿好就可以吃，新鮮的淡菜上面巴著小小的貝殼群，得一一用小刀刮下來。另外，淡菜還得一顆顆清洗，把表面上的海帶和細小的微生物通通清洗乾淨。好不容易處理好的淡菜還得靜置在鹽水裡吐沙。刮淡菜、洗淡菜、泡鹽水，一行人在廚房一忙又是兩三個小時。終於，淡菜已經準備好可以煮來吃了。我從前吃蛤蜊都是去超市或是黃昏市場買現成的來煮，半小時一盤香噴噴的炒蛤蜊就可以上桌。現在的我為了淡菜已經忙了一整天，從採集到清潔全都自己來，雖然累但卻很踏實，我對今晚的淡菜大餐期望更高了。只見義大利人已經熱好鍋，淡菜唰地一聲溜進鍋裡，和滾燙的油批哩啪拉地奏交響曲。不出五分鐘，淡菜香味漸漸飄出來，此時擠上新鮮檸檬汁並佐以新鮮羅勒葉，最後撒上一些些鹽，美味的淡菜就能上桌了。

另外一個主角 —— 義大利麵，當然也不只是用滾燙熱水汆燙這麼簡單，我們用煮淡菜時淡菜流出來的湯來滾義大利麵。義大利麵吸收了淡菜的鹹、檸檬的酸與羅勒葉的香，在鍋裡滾上八分鐘後，軟硬適中又香甜帶勁的麵條也準備好了。淡菜義大利麵一上桌，大夥兒圍著餐桌拍手叫好，一天的辛勤工作全都幻化為桌上這盤冒著蒸氣、飄著香味的盤中飧。大夥兒速速地就把盤中義大利麵全都吸進胃裡，還等不及細細品嚐，盤子就已經見底了。最後，來一瓶美國加州充滿奶油風味的夏朵內白酒收尾，在美酒與美食的陪伴下結束美好的一天。

這頓晚餐幾近零花費，淡菜是向海取的，檸檬是菜園摘的，就連義大利麵都只是超市最便宜的那種，但煮出來的味道卻大勝我在任何餐廳享用過的義大利麵。原來由奢入儉，其實很簡單！紐西蘭零花費五星級料理：撿淡菜配白酒。

05 上班葡萄酒，下班喝啤酒。 我與我的法國室友

那天在巴士上領頭吵釀酒法規的法國人，現在成了我室友。安娜是和我年紀相當的法國女孩，頂著一頭俏麗捲髮的她總是一副充滿自信、天不怕地不怕的樣子。大家總說法國女人美麗。的確，她的美是因為自信而散發出來的內在美。

第一次見面是在紐西蘭一間酒吧。那天是週五晚上，剛抵達紐西蘭還人生地不熟的我，決定跟著酒莊的人到酒吧喝啤酒。辛苦一天終於能好好休息喝杯啤酒，大家啤酒一杯接一杯，聊得好不愉快。就在酒酣耳熱之際，酒吧門被推開，一位背著重重行李的女孩拖著疲憊的身軀，漸漸地朝我們方向走來。「嗨，我是來自法國的安娜，我朋友雅瑟邀請我來和你們喝杯啤酒。原諒我，我剛飛完五十小時的飛機，若是覺得我醜，那一定只是因為我很累，明天我就美了。」她的法式幽默惹得全場哄堂大笑，我也拍手叫好。她放下行李，拉了張椅子在我旁邊坐下，用法式招呼法和我碰了碰臉頰問好。剛離開台灣的我不僅時差還沒調好，打招呼的方式也還沒，在台灣總是揮揮手說聲嗨的我，被臉頰上突然其來的一吻嚇了一跳。「我聽說我有個來自台灣的室友，就是你對吧！來，Cheers！」安娜舉起酒杯往我酒杯敲了一下，喝下一大口

▲ 我與我的法國室友安娜

沁涼的冰啤酒。「Cheers！」愛葡萄酒的我們，友誼從一杯啤酒開始。

　　我常常笑稱她是法國版的我，她也戲稱我是會說中文的她，太多太多的共通點把我和安娜拉在一塊。和我一樣，她也是拋掉本行半路出家學葡萄酒。愛畫畫的她從小到大都是念美術班，大學一開始也考上美術學院，但後來還是受到葡萄酒的召喚，轉系去釀酒學系了。「釀酒也是藝術的一種呀，成品還可以喝。我這個法國人身上流的血都是紅酒，是藝術！」談到葡萄酒，她總是充滿自信地侃侃而談。

　　事實上，不只是葡萄酒，安娜的自信也展現在日常小事上。有一天我們一起逛超市，我推著購物車在巧克力區前來來回回，猶豫自己到底該拿我不愛但聽說可以減肥的黑巧克力，或是我非常喜歡，但熱量很高的牛奶巧克力，又或者我都不要買？理智與衝動在我身體裡拔河，我繼續站在巧克力前發呆。安娜看著我半小時都還沒下手，終於忍不住過來關心。「如果你喜歡，就選牛奶巧克力吧！」她一下就懂我是因為怕胖而猶豫不決，她噗哧一笑。她的理論是真正愛你、在乎你的人是不會在意你外表的，況且你也不必為了迎合那些目光短淺的陌生人，而讓自己活得不開心，人生只有一回嘛！「一塊巧克力而已，你等一下騎腳踏回家熱量就消光了。」她開玩笑地說，甩著一頭俏麗短髮就往冰淇淋區走去。

　　最後我選了牛奶巧克力，但比巧克力更重要的是，我從安娜身上學會對自己有信心。不得不承認，在台灣長大的我受到電視媒體或是同儕影響，吃東西還是會在乎熱量，深怕自己多吃一口就會讓自己多一塊肥肉。現在回想起來還真愚蠢，內心糾結所消耗的熱量都可以多吃上好幾口了。況且，內在美比外在美重要太多了，每多花時間在外表上，就少了一點時間讓靈魂更美。大家都躲不過歲月在額頭上刻上幾筆，等到青春年華消去，誰又在乎當初選的是牛奶巧克力或黑巧克力呢？既然人人都逃不過變老，那年輕時因為在乎外表和活得綁手綁腳又有何意義呢？還不如多多在

乎內在，而活得自由踏實，等到老的時候，還是能因為內心散發氣質而美麗。大家都說法國女人美麗，我遇到的法國女人美在有自信。

不只有自信，安娜也是個會工作又會生活的人。即便再怎麼愛葡萄酒，若是下班後心思還巴著葡萄酒不放，那就過猶不及，對葡萄酒的愛一下成為壓力。我和安娜最愛在下班後來上一瓶沁涼的啤酒，躺在庭院看星星聊心情；賴在沙發上看電影；或者在廚房一起煮菜聊八卦。生活對我們來說是調劑工作壓力的解藥，即便是煮飯或是打掃家裡這種家務事，我們也總會來上音樂，穿上自己喜歡的衣服，享受生活的樂趣。生活的快樂多了，上班的辛苦也就少了。就像情侶一樣，一點點的別離總能讓彼此關係更緊密，我對葡萄酒的愛因為下班後的暫時忘卻而更深。在安娜身上，我學會怎麼享受生活。誰說興趣不能當飯吃？興趣絕對可以當飯吃，只是變成工作後的興趣，需要生活來調劑，安娜教會了我這一課。

不論身材是環肥燕瘦，上一次你在意自己的靈魂是什麼時候？不管工作是繁忙輕鬆，上一次你享受生活是什麼時候？我在紐西蘭，學會法式哲學：愛自己，也愛生活。

06 什麼？歐洲研究所沒上？
一個下午擦乾眼淚，隔天面試加州酒莊

　　四月，是南半球酒莊釀酒作業最忙的月份；是北半球酒莊開始招募釀酒師助手的時候；更是歐洲研究所放榜的季節。這個月的我邊忙工作，邊站上命運的旋轉盤，任葡萄酒替我決定下一步的方向。

　　歐洲有許多葡萄酒相關的研究所，而且大部分都可以申請獎學金就讀。在去紐西蘭以前，我申請了一個叫做WINTOUR的葡萄酒碩士學程，希望自己在紐西蘭後能無縫接軌，直接去歐洲念書。申請過程中，我花了許多時間與精力思考動機信，還跨海求尋美國朋友修改文法。另外，除了必備的托福考試外，我還努力準備法文，通過法文檢定以換取第二外語加分。最重要的是，為了累積葡萄酒工作經驗，我除了週末在葡萄酒專賣店打工外，最後還辭職去紐西蘭學酒。做了這麼多準備，當然是希望有一天能在歐洲學習，葡萄酒的故鄉。

　　我以為努力至此上榜理應沒問題，但卻不知人外有人，天外有天，我把葡萄酒想得太簡單了。放榜那天是紐西蘭凌晨四點，我收到一封來自歐洲研究所的信。「感謝您的申請……」不妙，開頭說感謝而非恭喜的信通常是壞消息……「因申請人數眾多，我很遺憾通知您……」看到這裡，我已經睡意全消，眼淚嘩啦啦地留下來。當年，我照別人期盼考上北一女、考上台大，一路順遂的我，從來沒有落榜過。現在，我人生第一次發現自己所好，想要為自己申請一個想念的碩士，卻被拒於門外，這諷刺的結果的確讓一向堅強的我招架不住。

　　但我沒有時間難過，因為二十四小時後將有個美國加州酒莊的面試在等著我。為什麼會有來自加州的面試呢？我做事一向喜歡有備案，儘管我內心極度渴望上歐洲研究所，但萬一我沒上，我可不想讓我的葡萄酒旅程結束在紐西蘭。因此，我在四月初北半球開始招募釀酒師助手時就向加州釀酒師寄出履歷。我在紐西蘭的工作表現得到紐西蘭酒莊主管與釀酒師的認可，因此他們協助我連絡上加州一間酒莊，並在四月中旬安排一場線上面試。而那天，正好是研究所放榜的隔一天。所以在得知落榜後，我有二十四小時為我的葡萄酒人生再掙扎一次，我才不想為了一個小小的落榜而讓我的葡萄酒生涯就此結束！因此，我給自己一個早上找家人朋友大哭一場、釋放情緒；一個下午整理情緒，擦乾眼淚開始著手準備面試資料；一個晚上好好睡覺，準備明天凌晨四點的面試。

　　隔天，我凌晨三點半起床，坐在電腦前等待半小時後來自美國的skype電話。我為自己倒了杯熱茶，確定自己沒有因為昨天的大哭而出現哭嗓；我複習了一次昨天下午查的加州酒莊資料，確認自己已經準備好面試。半小時後，電話響起……

　　「嗨！Serena你好，我是來自加州SIMI酒莊的Marcus！很高興認識你！首先，你說說你對我們酒莊了解多少？」

　　我把昨天查好的資料都向他說，還多提到自己很喜歡加州葡萄酒果味濃烈的風格，希望有一天能到加州酒莊學酒。

　　Marcus很驚訝也很開心我事先上網了解酒莊，還能舉一反三提到對加州葡萄酒的了解。在和他講電話時，我一直保持慷慨激昂的語調，除了是真的很喜歡葡萄酒外，更重要的是想掩飾落榜的失落。「你是我們酒莊錄取的第一個台灣人唷！我們八月見！」或許是對我的語調印象深刻，又或許是對台灣人學葡萄酒這件事充滿好奇，Marcus在對話不到二十分鐘後

就錄取了我。接下來的二十分鐘他和我說明加州酒莊的工作環境與加州的日常生活。和Marcus對話讓我沉醉在對加州的幻想裡，漸漸開始對美國的酒莊充滿興奮與期待。此時，不能去歐洲的失落已經被拋到九霄雲外。二十四小時內，我的心情從落榜的谷底衝到錄取的天際。

　　落榜歐洲學校卻錄取加州酒莊的那一天，我學會坦然面對挫折，學會從容面對生命中不可預期的驚喜。我相信命運，相信葡萄酒在今年帶我去太平洋彼端的加州一定有原因。或許是我需要累積更多工作經驗，才能在教室裡學到更多知識；或許是加州今年的陽光特別暖，葡萄特別豐碩；又或者，在今年，有人在加州等著我的出現。

　　現在回頭想想，我曾經以為的失敗卻開啟了我人生另一段精彩的扉頁。從歐洲到加州，從對渴望患得患失，到坦然面對生命中一切不可未知的驚喜。葡萄酒又教會我一課：山重水複疑無路，柳暗花明又一村。

2. 第二站：加州

01 在美國遇見語言障礙，我不會說西文！

　　八月的北半球正值酷暑，葡萄在陽光細心照料下串串結實纍纍。我隨著葡萄酒又回到熟悉的北半球，但我在太平洋另一岸：加州。認知中的美國和紐西蘭一樣是一個英語系國家，會説英文在加州工作與生活都應該沒問題，但我太天真了！加州是一個特別的地方，位處美國但卻充滿墨西哥風情，官方語言是英文，但卻處處聽得到西班牙文。因為地理位置緊鄰墨西哥，再加上工作環境與待遇都比墨西哥好，許多墨西哥移民遠離家鄉來到加州工作展開新生活。墨西哥移民再加原本就住在加州的美國人，兩者生活在一起造就了加州特殊的語言文化：有人只會説英文、有人只會説西文，他們用西班牙文式英文(SpEnglish)溝通，或只是比手畫腳。

　　我工作的SIMI酒莊雇用了許多墨西哥人，參與採收工作的外國釀酒師助手們也幾乎來自中南美洲，就連母語是英語的主管也多多少少懂西文，這可讓完全不會説西文的我吃足了苦頭。休息室裡，坐在同一桌的同事們用西文聊天就好像築起一道牆把我隔離在外，我沒辦法加入他們的話題只好一個人低頭吃飯，孤獨感可想而知；工作時，我最常合作的工作夥伴是一位只會説西文的墨西哥阿姨，語言不能溝通的我們，常常只能比手畫腳，或是找路過會説這兩種語言的同事當翻譯；下班去酒吧喝啤酒聊天時，雖然一開始大家因為我的存在試著説英文，但酒酣耳熱後又是一陣西語，不甘寂寞的我只好藉口家裡還有事先離開了。

　　剛到加州的我，遇到了人生第一道語言障礙，不會說也聽不懂別人的語言，竟令人感覺如此孤單。於是，我下定決心開始學西文，因為不會說西文而早早離開同事聚會的那天晚上，我去書店買了一本西文學習書。

　　我每天早上五點半起床念西文，希望自己能趕在七點上班前多吞掉幾個西文單字，多記得幾句常用對話，又或是多記得幾組動詞變化。到酒莊上班後，我也把握每一個能練西文的機會：一到酒莊遇見同事，我就興奮的用西文打招呼，一有機會，我就叫同事多教我幾個西文單字。同事們見我用著外國口音努力說著西文，倒也覺得有趣，便開始教我各種常用的道地西文用語，當然不免俗地包括許多髒話。每天與我一起工作的墨西哥阿姨是我最好的西文老師，在不懂英文的她面前我無路可退，只能硬著頭皮用著三兩三的西文拼湊句子。

　　起初，我當然鬧出不少笑話，尤其是我永遠發不出來的彈舌音，常常讓她笑到岔氣，還有我常常用錯動詞變化，也讓她聽得一知半解。但漸漸地，我們開始培養出默契，儘管我發不出彈舌音，她還是能猜出我想說的單字；儘管我動詞變化不斷用錯，她還是了解我想表達的意思；儘管有些是一言難盡，但常常不用開口我們

▲ 初抵加州，葡萄園一片綠意盎然

就可以了解對方心裡在想什麼，我們逐漸變成跨文化、跨語言的忘年之交。在酒莊的工作生活，因為語言的進步而漸上軌道，我與墨西哥和中南美洲同事們之間的語言高牆，也漸漸得變矮了些。

　　起初，我學西文只為了打破語言的藩籬，希望能加入同事的對話。但我卻愈學愈有興趣，除了學語言外也開始學文化。我居住的社區充滿墨西哥風情，有墨西哥餐廳、墨西哥雜貨店、墨西哥聯誼會，就連墨西哥在慶祝特殊節日時，這裏也有濃濃過節的味道。墨西哥亡靈節(Día de los Muertos)就是其中之一。每年十一月的一號、二號是墨西哥亡靈節，時間剛好就在萬聖節過後。住在加州的墨西哥人與美國人，總是一起慶祝這兩個來自不同文化，卻同屬於鬼的節日。電影「可可夜總會」（Coco）說的就是墨西哥亡靈節的故事，這是一個用音樂、舞蹈與藝術緬懷祖先的節日。

　　亡靈節前後，家家戶戶戶在家門口放上紙雕，並在家裡擺上靈壇，在上頭放上逝去家人們的照片、鮮花、食物和墨西哥烈酒：龍舌蘭。亡靈節當日，墨西哥人會在臉上畫上骷髏頭，聚集到廣場又唱歌又跳舞。在加州那年的亡靈節，我和我的同事們一起到廣場參加亡靈節活動，廣場上擺放著各個藝術家設計的靈壇，現場還有來自墨西哥的樂隊演奏舞曲，畫上骷髏頭畫像的人們，在這一天代替死去的祖先盡情地跳舞。在台灣，人們在清明節時到祖先墳前上香燒紙，以慎重而嚴肅的方式緬懷祖先，在台灣長大的我，從未想過唱歌跳舞也可以是紀念死去家人們的方式，兩者文化差異及背後思想的不同顯而易見。

　　我在美國因為不會說西文而遇見語言障礙，但在學習西文以打破語言藩籬的過程中，我卻因為一個新語言，而體會了新文化。

▼ SIM 2018外國實習生；SIMI位處美國Sonoma County三大法定產區交界

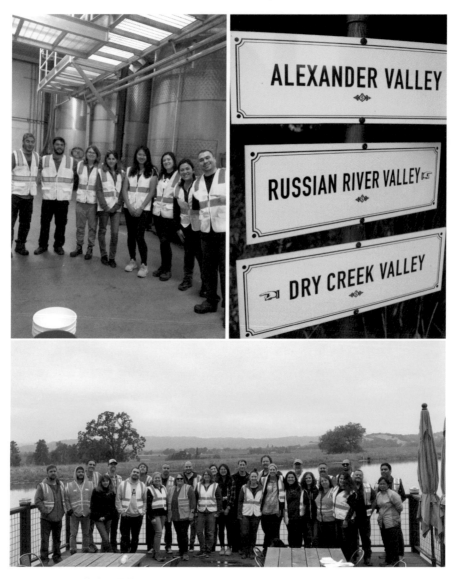

▲ 2018 SIMI酒莊釀酒團隊

02 以音樂迎賓，我在美國加州希爾茲堡 (Healdsburg)找到心的住所

　　從舊金山往北開車約一個半小時，就會抵達加州葡萄酒故鄉 —— 索努瑪谷(Sonoma Valley)。相較於鼎鼎大名的納帕谷(Napa Valley)，緊鄰在旁的索努瑪谷少了觀光味，那裡的酒莊給人一種家的感覺。我住在美國索努瑪谷的葡萄酒小鎮希爾茲堡(Healdsburg)，在這裡我找到了心的住所。

　　抵達希爾茲堡時正是加州盛夏，熾熱的陽光曬得人們懶洋洋的，只想賴在家裡喝冰啤酒、吃冰淇淋。但是懶惰的希爾茲堡人們呀，再怎麼懶也敵不過草地音樂會的吸引，每個星期四晚上廣場上音樂一奏，大家就提著啤酒、拎著紅酒、端著一盤盤食物，全聚集到小城中心的大草地和家人朋友、左右鄰居來一場音樂與美食的饗宴。每年僅限七八月的夏季音樂會除了是居民們敦親睦鄰的好地方外，更是如我一般的外國人認識新朋友的好機會。每年夏天，希爾茲堡總會湧入一大堆慕葡萄酒之名而來酒莊工作的外國人，對於初來乍到又人生地不熟的我們來說，酒與音樂就像是開啟新生活的鑰匙。

　　八月的第一個週四正好是披頭四(The Beatles)的紀念音樂會，我和酒莊同事們下班後換上短褲短袖夾腳拖，拎著啤酒、香檳、葡萄酒一身清爽上陣，準備參加這場盛宴。晚上六點的廣場，月亮才稍稍露臉，廣場上就已經擠滿人群，我們在廣場上轉了又轉、擠了又擠，還是找不到一塊空地坐下，而舞台上的樂團已經等不及觀眾們安頓好，鼓手「砰！砰！砰！砰！」鼓聲一下，披頭四名曲之一「Come together」旋律響起。我們還是找不到位置，但我們已經不在乎了，在醉人音樂的薰陶下，啤酒開了就向旁邊不認識的人乾杯，誰管他坐下不坐下。「Come together...right now...over me」，副歌一來，主唱把麥克風朝向全場觀眾，素昧平生的台

▲ 夏季音樂祭盛況，大家自備椅子墊子一起享受音樂

下觀眾一起合唱，還不忘舉杯向旁邊的人乾杯。我也是其中之一，和大家
一起大聲唱歌、大口喝酒，好不愉快。

　　快歌過後接著是幾首慢歌，大家隨著披頭四的Ob-La-Di, Ob-La-Da的
輕快、Yellow Submarine的輕鬆，在美酒美食、朋友家人甚至是陌生人的
陪伴下，跟著披頭四來到Hey Jude的沈穩放鬆。「Hey Jude, don't let me
down...You have found her, now go and get her...」台上主唱唱得深情款
款，台下觀眾聽得如癡如醉。希爾茲堡人很好客，一群年輕人見我們這群
外國人拿著酒晃來晃去，一臉迷茫找不到位置，便邀請我們過去和他們一
起坐。為了感謝這得來不易的座位，我主動遞上SIMI酒莊（我在加州落腳
的酒莊）氣泡酒，以酒致謝。細緻的泡泡沿著杯壁緩緩升起，金黃色的酒
體襯托了透明的泡泡，就如一場曼妙的芭蕾舞在酒杯中展開。為他們斟酒
同時，我順道和他們寒暄了幾句，他們的熱情回應讓我在異鄉倍感溫暖。
不知道為什麼，在台灣另外一端的希爾茲堡讓我第一天到就覺得相識已
久，好像是熟悉的陌生人。然而，我不知道的還有未來在這裡的半年裡，
我將遇到生命中幾個很重要的美國人。

和葡萄酒酵母對話，
我的釀酒日常

　　在希爾茲堡城中心座落著一個如城堡的酒莊，石頭砌成酒窖歷經了百年仍舊默默地守護裡頭的橡木桶。酒莊外頭的加州特有紅木年輪一圈圈滾了千年，挺直而成穩地守護這個酒莊，守護希爾茲堡。這裡是SIMI，美國歷史最悠久的酒莊之一，在首位莊主伊莉莎白女士的努力下，SIMI熬過了美國1920年至1933年的禁酒令時期，百年來不停歇地釀酒，終於在美國酒史留下大名。我有幸成為SIMI歷史的其中一頁，以首位台灣人的身份參與2018年葡萄酒的釀造。

　　不比紐西蘭的大陣仗釀酒團隊，今年SIMI的釀酒師助手是來自匈牙利、德國、智利、阿根廷和台灣的小而美八人組。在自己的國家時，有人學釀酒，有人學工程，有人學會計，更有人學外國語言，各懷技能的我們就如八仙過海，飄到加州各顯神通。因為只有八個人，因此從白酒到紅酒，從氣泡酒到甜酒，從粉紅酒到粉紅香檳，我們幾乎樣樣都得學。最早成熟的葡萄通常是白蘇維濃(Sauvignon Blanc)，新鮮的葡萄收成後得先榨汁，把葡萄皮和葡萄汁分開，只把白葡萄汁送入發酵桶內發酵。接著，釀酒師把果汁樣本送到實驗室，分析果汁的甜度、酸度後，再決定加多少水、多少酸來調整果汁狀況，最後再決定要添加什麼樣的酵母讓果汁發酵成酒。我主要負責的部分是酵母添加，這工作不難但卻是釀酒的最關鍵步驟。首先需要把脫水的酵母用溫水和營養素重新喚醒，然後加點果汁讓酵母慢慢熟悉未來要工作的環境，等到原本安靜的酵母開始狂冒泡後，再一股作氣倒進發酵桶內發酵，酵母添加就完成了。

▲ 酵母發酵前

▲ 酵母發酵後

酵母無所不在，是人類不可或缺的好朋友。韓國泡菜、味噌、比薩、麵包、酒精飲料等等都是酵母發酵後的產物，若是沒有酵母，那可能會引起全地球人的暴動。酵母看上去不像是生物，倒比較像是無生命的物質，要相信這個躺在眼前靜悄悄的褐色小東西是釀酒關鍵，還真需要點時間和想像力。但每天與酵母相處下來，我對這群小生命們卻肅然起敬。起先，上千萬個酵母聚集在手掌大的真空包裡，在沒有水沒有氧氣的環境下，它們深深地沈睡著。「嘩！」的一聲，我熟練地割開真空包，酵母的生命從那一刻開始。終於脫離真空有了氧氣，我用三十八度一度不差的溫水緩緩地淋在酵母身上，它們就像是一步步踏入溫泉浴的貴妃，慢慢地展開悠美的姿態，最後全身浸在溫水裡。溫水的熱終於喚醒酵母，我加入釀酒師要求的營養素，讓從冬眠中初醒的酵母用不著挨餓，一醒來就有得吃，能夠放心地長大。

有了空氣、水與食物，酵母已經全部甦醒，準備進入工作狀態。接下來，從發酵桶裡取出一些些果汁倒進酵母裡，酵母熟悉了果汁狀態，得知自己的工作環境後，開始不停地冒泡泡，好像在回應我它已經準備好釀酒了。得到回應的我，熟練地舉起桶子，唰地一聲就把待命的酵母往發酵桶中的葡萄汁裡倒。約莫兩星期後，酵母就會完成它的工作，發酵成酒。

　　記得多年前聽過一個實驗，在兩片吐司上灑相同黴菌，一個每天說好話，另一個每天罵，最後被罵的那片吐司黴菌長得又多又可怕。雖然不知道這個實驗的可信度，但我相信語言的力量是存在的。我好奇每天和酵母對話，酵母會不會長得比較好，釀出來的酒比較香？或許有點愛酒成痴過了頭，每天工作時我都和酵母聊天，聊聊東方儒道思想，聊聊西方哲學，又或者只是分享今天有發生什麼有趣的事。它們不說話，只是不停地冒泡，我就當它們都聽進去了，帶著我的故事去發酵成酒。誰知道，或許今年釀出來的酒，還多了一些我對酵母的愛和期許。

　　一般來說，酵母需要兩個星期才能把葡萄汁變成葡萄酒。釀成酒後，酵母就死了，而它們是正式被自己製造的酒精殺死的。酵母每天努力分解葡萄汁裡的糖，經過身體的化學轉換後，糖一點點變成酒精，隨著酒精濃度升高，酵母的活性愈來愈低，但卻仍不停地工作，不停地把糖轉化成酒。最後，酵母終於敵不過酒精濃度的升高，被自己製造的成品殺死了。這種自殺式的奉獻，讓我肅然起敬，酵母的死成就葡萄酒的美。

▲ 在SIMI酒莊工作的我每天都與酵母為伍

雄心壯志！
邊釀酒邊念書邊申請學校邊找工作

大家都說「蠟燭兩頭燒」。我在加州的生活不只是兩頭燒的蠟燭，煙火是更好的比喻，我的加州生活忙得如煙火般轟烈而璀璨。

十月中旬，加州漸漸刮起刺骨的風，冷風不僅帶走了夏天的溫暖，也帶走了我在加州的度假心情。十月除了是酒莊釀酒最忙的月，更是美國大學開學、歐洲研究所開始申請、南美洲酒莊開始徵人的月份。我身在加州卻志在四方，不僅未來想去歐洲唸葡萄酒，還想去智利或阿根廷等南美洲國家工作累積經驗。另外，加州擁有豐富的葡萄酒學習資源，不僅大多數酒莊提供試飲讓人練習葡萄酒品飲，更有葡萄酒圖書館可以借閱教科書，大學甚至還有葡萄酒專業課程可以修習。既然身在加州，我當然也想把握當下抓住各種學習機會，因此工作之餘，我還報名了聖塔羅莎青年大學(Santa Rosa Junior College)的葡萄酒商業課程。我想抓住未來，去歐洲念書也去南美洲學酒；我想把握當下，在SIMI釀酒，也去大學修課。在如此雄心壯志之下，我的生活過得極為忙碌而充實。

🍷 雄心壯志一：歐洲葡萄酒研究所

我一直都很想去歐洲唸葡萄酒，不是因為浪漫的歐洲風情，最主要是因為歐洲悠遠的葡萄酒歷史與文化。去年，我沒有任何葡萄酒經驗仍硬著頭皮申請，想當然是被歐洲學校婉拒。但哪裡跌倒哪裡爬起來，今年再多累積了紐西蘭和加州的工作經驗，東山再起後的我又鼓起勇氣申請了同一間研究所。我所申請的研究所名為「國際葡萄酒觀光與創新」(INTERNATIONAL MASTER ON WINE TOURISM INNOVATION)，說是

一間學校，更正確來說這是一個由葡萄牙、西班牙、法國三國合作的葡萄酒學程，若是幸運被選上還能拿到獎學金，由歐盟贊助所有學費。除此之外，今年我還多申請由法國波爾多大學及波爾多農業科學學校合辦的「葡萄園與酒莊管理」(VINEYARD & WINERY MANAGEMENT)。這個研究所學程結合了我大學學習的商業與會計，還有我喜歡的葡萄酒科學，對我來說是結合興趣與專長的夢想學程。更重要的是，學酒的地方在紅酒首都──法國波爾多，如此夢幻的研究所，我早已躍躍欲試。

　　有了目標，接下來就是把夢想化為行動。申請歐洲學校最重要的除了履歷外，個人動機更是能不能脫穎而出的關鍵。申請過程中我從沒找過代辦幫忙，像是個人動機這種個人化的文件，自己是最了解自己、最能幫自己的了，代辦交出的工廠化制式動機信，是沒辦法真切地感動人的。動機信是我申請研究所最花心思的部分，在加州我邊工作邊想動機，前後塗塗改改大概花了快兩個月才完成這封有如出師表般的血淚動機信。信裡內容不外乎我受到葡萄酒啟發、決定出國學酒、未來想為台灣葡萄酒相關產業盡一份心力等等，但為了信上簡簡單單的白紙黑字，我可是花了不少勇氣與心血，南半球北半球到處跑。

　　準備這封信時，我大部分時間都在咖啡廳，別以為我每天閒閒沒事就往咖啡廳跑，這難得的咖啡時光可是得來不易。那時加州酒莊正處於忙季，每天工作十小時，一周六天，常常上班回家我就累得不想開電腦，只想看電視放空，因此只有難得的休息日我才能好好寫動機信。每個星期天一早，我早早起床到鎮上同一間咖啡廳，選了同一個位置，點了同一杯拿鐵，每週日就這樣在咖啡廳裡一步步完成動機信，一步步又更靠近夢想一點。

　　花了我兩個月的動機信終於寫好寄出，接下來只能等待。

🍷 雄心壯志二：找南美洲酒莊工作

朋友常常羨慕我，說我活在自己的夢想裡。沒錯，我是活在夢中，但我的葡萄酒夢可不是每天買醉的白日夢，而是一個要不斷張羅未來，步步踏實的夢。我在加州有很多來自智利和阿根廷的同事，閒聊時常常和他們聊到南美洲的酒莊。炙熱的艷陽和碧藍的藍天，熱情的舞蹈與豪放的歌聲，他們總這樣敘述自己的家鄉：「在那裡工作你會工作得像狗，最後薪水像屎。但你會很快樂。」我的智利同事常常和我這麼說。工作辛苦怎麼還這麼快樂呢？是天生的樂天？還是後天的放蕩不羈？智利的葡萄酒味道如何？阿根廷的酒莊怎麼釀酒？在加州每天和南美洲人工作，害得我也想去南美洲看看了。儘管薪水不比美國或紐西蘭，語言又不通，但我還是說服自己下一站去南美洲學酒。「現在不去，我大概一輩子都不會去了。」我這樣告訴自己，憑著年輕就是本錢，能兩手空空背著背包就走。鼓起勇氣，我開始就往南美洲酒莊投履歷。

如果有一種病，症狀是腦筋不停轉，不讓自己休息並強迫自己一直規劃人生，那我大概是重症患者。在加州上班才兩週，我就開始準備南美洲的履歷，還為此學西班牙文，為的是明年能在南美洲酒莊工作。在加州，我每天七點開始上班，早上五點便起床念西文，不只念基礎西文，還要多學酒莊專用西文。另外，九月初就開始寄履歷的我，到十月都還沒收到任何一封回信，我都開始自我懷疑難道當年在事務所投履歷沒人回的窘境又要重蹈覆轍？但我已經把到南美洲酒莊工作寫到人生計劃書裡，說什麼也不想放棄。為了增加錄取機會，我還請加州酒莊釀酒師幫我寫推薦信寄到南美洲去。等待的日子最煎熬，每天都收電子郵件，每天都落空，只能說服自己天將降大任於是人也，必先苦其心志，等待也是磨練心性的方式。但要一邊做耗體力的酒莊工作，一邊故作堅強，實在不是件容易的事，我真正體會到何謂身心俱疲，為此好幾個晚上都累得掉眼淚。

　　或許是南美洲人步調真的比我這台北人慢，比我更懂得放鬆、慢慢來。當我正為找不到工作心急如焚，他們在兩個半月後才不疾不徐稍來一封面試通知信。「歐拉（Hola是西文你好的意思），下禮拜我們想和你面試，這邊是酒莊資料，你先參考一下。方便的話我加你whatapp，到時候打給你囉！」來信的是智利的UNDURRAGA酒莊，語調隨性的像是日常對話而非面試通知。南美洲人個性或許真的是比較浪漫隨意，一個禮拜後的面試只進行了十分鐘我就被錄取了。雖這是件好事，但煎熬這麼久卻意外簡單地得到這份工作令我哭笑不得。讓我不禁好奇南美洲，我的下一站，究竟是個怎麼樣的地方？「在那裡工作你會工作得像狗，最後薪水像屎。但你會很快樂。」我想起同事的這句話，我想我已經準備好面對一場文化衝擊了。

🍷 雄心壯志三：聖塔羅莎青年大學(Santa Rosa Junior College)wine club課程

　　不管加州還是紐西蘭，我在酒莊工作學到的大多是釀酒學，有時還是會懷念起我的商業本科，好奇葡萄酒和商業如何結合，看似無關的會計和葡萄酒這兩條平行線是不是能有交會的一天。為此，我在加州酒莊工作之餘，還來到聖塔羅莎青年大學(Santa Rosa Junior College)修課。由於酒莊工作忙，我無法天天向學校報到，只能參加禮拜四晚上的wine club課。當初會選這門課完全只因為我誤解club的意思，以為這是一堂教人如何經營酒吧的課。課程開始後，才發現這是專為美國酒莊特有的酒莊俱樂部所設計的課程，我卻誤打誤撞意外收穫一份禮物。

　　酒莊俱樂部(wine club)是美國加州的葡萄酒特殊文化，顧客可以在購買酒後選擇加入俱樂部，成員除了會不定期收到品酒會通知外，買葡萄酒還會有折扣。俱樂部的理念主要是酒莊想拉近與客人的距離，並藉此留住熟客、開拓新客源。因此如何經營自家酒莊俱樂部，變成了美國酒莊的特殊課題。

　　我在課堂中遇到各式各樣的學生，有人年近半百卻學而不怠，因嗜好而學習；有人家裡剛開酒莊，對未來經營手足無措；有人在品酒室裡有多年經驗，為了文憑而修課。上完一整天班後上課絕對不簡單，身體累的好像不是自己的之外，小班討論制的教學讓我沒有打瞌睡的餘地，得全神貫注聽老師講課，並舉一反三說出自己意見。不得不承認，上班後還得聚精會神上課真的非常累，但這個累卻累得有價值。除了多聽聞葡萄酒商業方面的知識外，也為自己的葡萄酒之路拓展了更多的可能性。原來不只釀酒，葡萄酒商業學也是大有學問，我好奇葡萄酒這個宇宙到底有多大，渺小如我只能竭盡所能、孜孜矻矻地學習。

　　談到葡萄酒，我有我的雄心壯志。在加州邊釀酒邊念書邊申請學校邊找工作這種爆炸性的生活的確非常累人，但只要是為我所愛的葡萄酒，再累也心甘情願。

▲ 為了葡萄酒任勞任怨的我

05 誒！酒都送去地上了……
那天我害酒莊損失一萬美元

　　對我來說，有一種感覺尷尬到起雞皮疙瘩，讓我想腳底抹油一走了之：粗心大意弄壞別人東西害造成別人損失，別人欲哭無淚卻苦笑著說「沒關係」。有時我會想我是不是被詛咒了，從小到大都是個破壞王，破壞的還都是別人的東西。從小學自動鉛筆到大學筆記型電腦；從小時候寵物機到長大的智慧型手機；從台灣過年摔破碗到比利時聖誕夜摔破酒杯，我一直不停地造成旁人的損失。我破壞的東西價值最多不超過台幣一萬塊，直到那一天，我一個失誤讓酒莊損失一萬美元，三十幾萬台幣就因為我的粗心流到臭水溝裡了。

　　那是十二月的某一天，加州的冷風刮得人直打哆嗦，早上七點的天空還是如夜的黑，外頭又冷又暗再加上昨晚熬夜，我只想躲回被窩裡賴床。不比我的慵懶，酒莊發酵桶裡的紅酒已經完全發酵完畢，蓄勢待發準備被集中到大發酵桶準備裝瓶。七點一到我人還是準時到酒莊，但腦袋卻還沈睡著，還在那暖暖的被窩裡沒來上班，一早魂不守舍的我渾然不知待會即將發生慘劇。我收到釀酒師的工作單，任務是把酒窖A的酒運送到山坡另一端的酒窖B。別小看這走路五分鐘的距離，為了要運送酒，首先得一個人拉著沈重的管線建立運送路線，接著腦袋還要夠清楚管線不能接錯，否則酒會被送到另一個未知的地方，或許是送到另一個發酵桶和其他酒混在一起，又或者是送到地上白白浪費，不管怎麼說都是悲劇。

　　睡眠不足又硬著頭皮上班的我拿著工作單，糊裡糊塗地就開始建立管線。我速度飛快地完成任務，當我為自己的效率沾沾自喜時，卻沒發現我其實管線沒接對，等一下幫浦一開，所有剛釀好的上等紅酒都會被送到水

溝裡。和我合作的工作夥伴拿著無線對講機在酒窖B等著我把酒送過去，她癡癡地等待、默默地守候，卻不知道永遠等不到紅酒的到來。我在另一頭望著幫浦轟轟作響，速度飛快地運送紅酒，但另一頭的夥伴卻一點動消息也沒有，心裡頭正納悶著……

「誒！酒到了嗎？」

「沒有，你幫浦打開了嗎？」

「早就開了，五分鐘了吧！這裡一切正常。」

「蛤！立刻關掉！現在！」

「蛤？！」

我被無線對講機中突如其來的大吼給嚇了一大跳，不僅睡意全消，心臟還緊張漏了好幾拍，全身像是被高壓電電到一樣。

「關掉！關掉！」

我終於回神關掉幫浦，同事從山坡另一頭的酒窖神速向我飛奔而來。我一頭霧水地站在原地，不知道究竟是什麼事讓他如此緊張。

「開五分鐘我還沒接到酒！你一定接錯線了。」

只見同事氣喘吁吁、驚魂未定地看著幫浦又看著我邊說邊搖頭，我呆立在原地一動也不敢動，還搞不清楚到底怎麼回事。原本五十秒不到就應該送到的酒，經過五分鐘都還沒到，經驗老道的同事一聽就知道我線一定拉錯，酒不知道送到哪裡去了。我們決定沿著管線走，趁釀酒師還沒發現前，先到案發現場的另一頭看看酒到底都去哪了。我們愈走離酒窖B愈遠，我心愈涼，我們一步步往臭水溝方向走去。最後，終於找到管線的終

點，水溝。水溝裡一片紅，就像是殺人現場一樣一片血跡斑斑，所有最上等的紅酒全都被我送進水溝裡了，而我正是扼殺今年紅酒的兇手。我和同事兩相望不知如何是好，只能無助地看著紅酒跟著骯水漂離我們，只能無言地聞著臭水溝飄著紅酒香。

釀酒師見一個早上我們都不見人影，交代的任務也都沒完成，感覺不太對勁，便用對講機呼喚我們。聽到釀酒師聲音，我只想找個地洞躲起來，這上等紅酒是大家過去兩個月的心血。從收到葡萄到發酵成為葡萄汁，我們一路照顧著它長大，現在卻因為我一時粗心而讓所有人心血全都白費。我還是一五一十地把事情原委告訴釀酒師，她皺著眉、搖著頭，我能感覺到她也揪著心。

「大概一萬美元吧！沒關係，打起精神，還有很多事要做呢！」她匆忙地轉身離去，我能從她背影感覺到失落。那天因為我的失誤，讓酒莊損失一萬美金。第一次，我覺得對不起葡萄酒。

▲ 一不小心紅酒就會流滿地　　▲ 近三層樓高的巨型發酵桶

06 酒吧裡的文化交流：
拉丁美洲、歐洲、美國、台灣

在釀酒界流傳著一句話：「我們需要很多啤酒來釀葡萄酒」。沒錯！在為葡萄酒辛苦工作一整天後，最大的享受莫過於和同事去酒吧喝杯啤酒，放鬆心情也交流文化。對我來說，葡萄酒是上班時的責任，啤酒則是是下班後的生活。在酒吧裡，我看到世界，也讓世界認識台灣。

九月的加州充滿了外國人，來自拉丁美洲、歐洲、紐澳等國家的釀酒師助手們紛紛來到這裡學習如何釀加州酒。因此，這個季節的酒吧特別熱鬧，除了英文外還處處充滿異國語言：西文、法文、義大利文、德文……，要什麼語言都可以說給你聽。當然，有語言交流就有文化交流。暫且不提那些胸懷大志的酒國英雄對國家政治經濟的高談闊論，也先不提酒中豪傑們的醉言醉語，僅是和外國人聊生活中關於食衣住行育樂的小事，便足以讓我大開眼界。

民以食為天，最常聊的當然是飲食。一個國家的文化濃縮成盤中佳餚，一口吃進肚裡，不僅暖胃還能交流文化。我們常去的酒吧是一間美式餐廳，除了供應啤酒外還有道地的美國漢堡。美國的飲食文化沒有中國菜的博大精深，也沒有法國菜的淵遠流長；沒有墨西哥料理的熱情奔放，也沒有阿根廷烤肉的瀟灑豪邁，但牛肉漢堡絕對可以讓美國人拿來說嘴。那天，我入境隨俗地點了一個牛肉漢堡，當服務生問我想要的牛肉熟度時，我想說牛肉漢堡跟牛排不同，還是點全熟比較保險，才不會拉肚子。

我的美國同事一聽到全熟的牛肉漢堡露出了疑惑的表情，問我想不想換成七分熟，或是他最喜歡的五分熟？我很疑惑，但我還是接受他的建

議，換成七分。「全熟漢堡不是比較乾淨嗎？不僅高溫殺菌還沒有血味。」我會這樣問不是沒道理。從小我就被教育食物都要煮過才能安全下肚，涮涮鍋、燙青菜還有所有的夜市小吃，哪一樣不是煮熟了才吃？即使是吃牛排，也要吃個七分熟才安心，能煮熟就盡量煮熟吧！「你相信我，這餐廳用的牛很乾淨，你吃五分或七分才不會太柴，我美國人，我知道漢堡怎麼吃。」果然，七分熟的漢堡不但沒有我害怕的血腥味，半透紅的紅肉鮮

▲ 工作完後與同事的啤酒時光

嫩多汁、入口即化，吃完也沒拉肚子，的確是顆不同凡響的漢堡。

　　美國人看我吃得津津有味，自己也沾沾自喜。「你如果來台灣我請你吃炒沙拉，裡面放蒜頭那種。」這裡我指的是台灣的炒高麗菜、炒空心菜等把平凡無奇的青菜變佳餚的料理方式。美國人嚇了一跳，他一生到目前為止只吃過冷沙拉，不知道青菜也有人吃熱的。「好啊！但吃沙拉配蒜頭，感覺好奇怪。」「哎，有什麼好奇怪的，你如果吃了一輩子的沙拉我才覺得奇怪！」此話一出，全場哄堂大笑。熟不熟、炒不炒之間，原來大有學問。

　　在酒吧裡，我們不僅談食物也談旅行，更正確地說是邊工作邊旅行。在台灣，跟著葡萄酒繞著地球跑或許還是件新鮮事，但在像是美國、中南美、歐洲等葡萄酒文化盛行的地方，早已有許多人隨著葡萄酒環遊世界，而追隨葡萄酒的我們被稱為「葡萄酒旅行家」(wine traveler)。對我們來說，出國不是去享受而是去工作與生活，生活中的苦澀有時多過於旅行的歡樂。如果不夠愛葡萄酒，那隨著葡萄酒在外國東奔西跑的絕對不浪漫，繁瑣細碎的生活小事反而會把葡萄酒旅行變成折磨。

　　在加州，我深感外國人在美國生活絕對不簡單。最惱人的事情莫過於辦工作簽、開帳戶等滾滾而來的行政事務，總是弄得我心煩意亂。另外，交通也是件麻煩事，在外頭人生地不熟又沒網路，每次出遠門前都得先想好交通路線，在外頭迷路了就只能勇敢問路人。要不就是找三五好友一起租一台車出去玩，但當採收季來臨大家都忙著工作，誰也無暇想著玩耍，那就只能和其他葡萄酒旅行家在下班後到酒吧找同溫層一吐苦水，把繁瑣的日常瑣事吐到啤酒裡，一口飲盡。

　　對我們來說，旅行是工作、是生活，但更重要的是在找尋心的歸屬。旅行，是離開舒適圈到另外一個地方看一看、闖一闖，但旅行後呢？是倦鳥歸巢，繞了一圈決定原地生根；或是，像蒲公英在遠方落地發芽；抑或是，愛上旅行的無拘無束而決定一生當個浮萍？來自義大利的他在旅外五年後想回家當釀酒師，來自阿根廷的她在澳洲遇到加州的他因此決定來美國，來自美國的他決定繼續旅行……大家未來都有自己的路要走，一杯啤酒飲盡便一轟而散，也不知道以後會不會遇到，但至少這一晚，我們分享了旅行的故事、旅行的意義。

　　下班了的我們喜歡去酒吧，短暫的啤酒時光裡，我們大口喝酒也大聊生活，大啖美食也大談文化。

07 餐桌上的文化交流，我的美國爸媽和阿根廷哥哥

餐桌上燭光搖曳，桌上剛出爐的火雞冒著白煙，圍著火雞肉的還有阿根廷烤肉和台灣炒高麗菜。昏黃燈光下擺了四副餐具，圍著餐桌的人們有說有笑好不愉快，那是我與我的美國爸媽和阿根廷哥哥。今天是感恩節，在這個美國特有的日子裡，我和我的加州家人喝著紅酒，吃著烤雞，說著我們相遇的故事。

　　剛抵達美國的第一週，我住在離酒莊車程約十五分鐘遠的溫莎(Windsor)，別小看這十五分鐘，對於沒車的我來說這就像是遙不可及的距離，我被迫搬家。當時已是八月底，酒莊附近大部分房子都已出租給其它來工作的外國人，我找房子四處碰壁，不是找不到就是被拒絕，甚至還遇到吸毒女子想以高價租給我一張沙發。

　　那天，焦急如焚又不知如何是好的我抱著最後一絲希望，來到一個前有花園後有陽台的小房子前，我緊張地按了電鈴，不知道這個可愛的地方能不能變成我的家？開門的是一位熱情洋溢的美國婦人，我估計年紀大概與我媽媽差不多，她禮貌地和我握手問好，興奮地帶我看房子。「我兒子剛搬出去所以有間空房，我和我丈夫都歡迎你來，我們家還有兩隻貓唷！」她是Laurie，從看房子那天起，她成了我的美國媽媽兼摯友，而她丈夫Dana就像是我的美國爸爸，他們視我如己出，在接下來的半年裡給了我一生難忘的美國體驗。我還有一位晚報到的阿根廷哥哥。一天下午，我慵懶地躺在床上放空，卻被突然響起的門鈴給嚇了一大跳，站在門外的是

個長得英俊挺拔還留著大鬍子的男生，一口流利英文帶著南美洲口音，他是Facundo。來自阿根廷的他和我一樣在加州酒莊工作，也和我一樣深受距離所苦想搬家，Laurie一樣熱情地帶他看房子。

「家裡有鋼琴，社區還有網球場！那我明天就搬！」彈得一手好琴又愛運動的他二話不說就搬進我隔壁的空房。現在家裡沒空房，美國加州一家人到齊了。

加州一家人個性迥異，Facundo心直口快、Dana沈穩內斂、Laurie溫暖熱情，而我天真爛漫，每天生活都有不一樣的火花。像是我和Facundo就曾為了信不信星座而吵得天翻地覆，Laurie和我站在同一陣線一同對抗打死不相信星座的Facundo，Dana則靜靜地坐在客廳不介入紛爭。還有一次我和Fcundo兩兄妹心血來潮，下班後便服一換就踩著腳踏車沿著葡萄園騎，沐浴在加州酒鄉與酒香，一路上還不忘傳照片給家中的美國爸媽。

▲ 和Facundo騎腳踏車

Dana和我都愛打桌球，我們曾把桌球桌架在人行道上，一打就是一個下午，玩得好不愉快，即便最後撿球撿得腰痠背痛卻還是笑得開心。我和Laurie最愛守著電視機看舞蹈秀，每天睡覺前，我和她總要看上一集甚至兩集舞蹈秀，看到心儀的男舞者上場，還會抱在一起尖叫。熱情的她愛吃冷凍優格，邊吃優格邊

看帥哥跳舞是我們人生一大享受。雖然個性迥異，但一家人最大的共通點就是都愛古典樂。每天Facundo都會為我們彈上一曲莫札特或是貝多芬，Laurie也會拿出她的長笛和Facundo合奏卡農，家裡就像是音樂廳一樣，他們演奏，我和Dana就在一旁靜靜地聽，享受這平凡的幸福。

日子也不是天天這麼平凡，我們也為了古典樂瘋狂過。一天，我們一下班就飆車前往舊金山的Davies Symphony Hall，只為聽一場德佛札克的音樂會。還有一次，我和Laurie發現離家不遠的大學有場學生音樂會，二話不說買了票（和冷凍優格）就上路聽古典樂。別以為我們只愛走復古風聽古典樂，我們也愛刺激新鮮的密室逃脫。平凡的週六傍晚，自認為聰明過人的一家人挑戰了一小時密室逃脫，解摩斯密碼、拼拼圖、聽密報，在逃脫室裡忙得不亦樂乎的我們，最終雖然沒逃出來，但卻笑得合不攏嘴。家裡有兩個外國小孩，我和Facundo把這個加州小房子化為小小聯合國，我們愛談政治經濟也愛談藝術文化。阿根廷經濟下滑、政府腐敗；美國總統築牆、參眾議院選舉；台灣愛家公投、社會議題全都是晚餐餐桌上的話題。茶餘飯後我們當然也愛閒話家常，談旅遊、談生活、談夢想。左右鄰居們常常聽到在陽台的我們邊吃飯邊大聲笑，也常看見我們一家人車一開咻地一聲就出遊，不知道的人還以為Laurie和Dana在兒子搬出去住後，不甘寂寞又領養了兩個外國人。殊不知，是加州葡萄酒把我和Facundo帶進這個可愛的家庭，是幸運把我們聚在一塊。人在異鄉，最棒的是能夠遇到這群人。

今天是感恩節，在這個團聚的日子裡，我們一家人坐在餐桌前細數這近半年來發生的種種，有歡笑有淚水，有荒唐有難忘，當然，人們也總是有聚有散。明天早上Facundo就要起飛飛回阿根廷，這場最後的感恩節晚宴因為他的即將離開蒙上淡淡的哀傷。喝上加州最後一口團聚的紅酒，乾杯！我們約定好未來有一天一定要再團聚。

▼ 挑戰刺激新鮮的密室逃脫

▲ 和我在加州的家人一起聽音樂會

我用酒圓夢，她用起司蛋糕。
約定好一起追夢的加州女孩

08

　　她十九歲，卻有著超齡的勇敢和智慧。我們的緣分從那晚希爾茲堡夏季音樂開始，遇見她時，她正坐在野餐墊上與朋友邊啜飲紅酒邊享受起司蛋糕，在美食美酒與好友的陪伴下，她笑得開朗。「你可以幫我拍張照嗎？」她轉身問我，我們的友誼從一張照片開始。她是Anamaria。

　　我對她的第一印象是起司蛋糕。那天她要求我拍的每一張照片裡都要有起司蛋糕，有幾張照片甚至只有起司蛋糕，我好奇一問之下才發現小小年紀的她已經有一個自己的起司蛋糕生意，而她靠起司蛋糕轉來的錢支付自己的大學學費。在美國念大學一年學費加生活費大約臺幣兩百萬，一般學生不是拿獎學金要不就是父母從小存一筆錢給孩子念書，十九歲的Anamaria靠自己力量賺學費，除了令人瞠目結舌外，我更好奇的是怎麼做到的？

　　「我想念加州柏克萊大學，我得靠自己、靠起司蛋糕幫我做到。」她總這麼説。和我一樣，她也有顆為了夢想不服輸的心。為了進加州柏克萊大學，她常做蛋糕做到三更半夜，念書上課之餘週末還得辦起司蛋糕講座，邊做蛋糕邊顧課業的她從不喊累，只希望有一天能踏進柏克萊的殿堂。但每個女孩都有脆弱的時候，尤其是築夢的女孩，獨自在夢想的路上跌跌撞撞，總會有眼淚潰堤的一天。

　　「你有空嗎？要不要一起去桑拿？」禮拜五傍晚，我突然接到Anamaria的一通電話，我立刻知道她需要大哭一場。桑拿室，是最適合大

▲ 19歲的她用起司蛋糕圓夢,還到處演講。

哭一場、釋放壓力的場所。在桑拿室裡,熱熱的蒸氣讓人看不清楚對方的臉,凝結在臉的露水和淚水混在一起,儘管大哭一場,也沒人曉得。熱騰騰的蒸氣把身體逼的出汗,彷彿也把壓力一起逼出體外。

「我好累,整天提不起勁。」伸手不見五指的蒸氣室裡,Anamaria 的一句話打破了沈默。

「你多久沒好好睡覺了?」

「蛤?」

「今晚別做蛋糕了,睡一覺吧。」

　　她患了「夢想倦怠症」。這是我自己取名的症狀，指的是正在築夢的人突然間失去動力，想逼自己繼續朝夢項前進但身體卻累得無法繼續前行。在我的葡萄酒路上，我總是逼自己不斷學習，不斷找下個酒莊，不斷去大學修課，不斷申請學校。不斷不斷不斷不斷，在不間斷的操勞身體的狀況下，即便再大的夢想，身體累了心也就無法前行。此症無良藥，早早上床睡覺讓身體恢復元氣，身體休息夠了，心也就有精神了。Anamaria為了自己的大學奮不顧身，上次好好睡一覺都不知道是什麼時候了？十九歲的志氣高昂和野心勃勃因為睡眠不足全部消散，化成一滴滴崩潰的淚水，在桑拿室裡潰堤。

　　我們就這樣待在桑拿室，直到Anamaria哭累了，我們才回家。當晚，Anamaria倒頭就睡，電話裡還來不及和我說聲晚安就已經呼呼睡去。電話的另一頭，我躺在床上，回想今天在桑拿室崩潰大哭的Anamaria，好像看見了另一個自己。從踏上紐西蘭土地的那刻起，我就不斷地逼自己前行，累到提不起勁時就怪自己怎麼忘記初衷，不好好努力？我不曉得自己不是忘記初衷，我只是需要睡個好覺。我一路嚴以待己，卻嚴格到忘了讓自己喘口氣。「休息，是為了更長遠的路。」這一課，我花了好久才學會。隔天中午，Anamaria傳了訊息給我。「我睡到中午！我要去做蛋糕了！晚上聊！」好好睡一覺終究治好了Anamaria的夢想倦怠症。

　　夢想倦怠症，築夢踏實的人專屬的症狀。在加州，我遇到一個和我一樣的女孩，我們為了夢想哭了好幾回、累了好幾次，我們需要對方的肩膀，在夢想路上互相扶持。我用酒圓夢，她用起司蛋糕，約定好一起勇敢追夢的加州女孩。

嘿！葡萄酒帶我找到你了，我的釀酒師男友

　　再堅強的女孩都有脆弱的時候，都需要那個男孩的安慰。夢想路上一路孤軍奮戰的我，在加州遇見我的男孩。本來打算要去歐洲念書，卻因為落榜而陰錯陽差來到加州，我卻在這裡遇見Christian，我的釀酒師男友。他，是葡萄酒送我的最大禮物，一個懂酒也懂我的心靈伴侶。

　　第一次遇見他是在希爾茲堡的啤酒吧裡，剛下班的他一臉疲倦卻掩不住迷人魅力，一走進門我就被吸引，雙眼緊盯著不放卻又在四目交接時害羞的躲開。他也時不時地朝我這邊看來，我手握著啤酒假裝和同事聊天，其實心裡在乎的都是他的目光。他是不是在看我呢？他會走過來嗎？我該假裝上廁所從他旁邊經過嗎？我平靜的心裡因為這個男孩掀起了波濤，再也無法專心聊天喝酒。當我還在為自己心跳加快、小鹿亂撞的身體變化感到不適應又不知如何是好時，他手拿著兩杯啤酒，一步步向我走過來，我眼角餘光瞄到他的接近，心跳血壓大概快衝破天際了，但卻又假裝什麼事也沒發生，一臉淡定。他終於走到我旁邊，遞上他手上的其中一杯啤酒，邀請我和他去外頭聊天。我二話不說地答應，一點少女的矜持也沒有，我的同事們見狀，互相對看露出賊笑，也在一旁幫腔要我和他出去。這一出去，就是四個小時，我們聊葡萄酒、聊旅遊、聊美食，天南地北聊得忘記時間也忘了喝了幾杯啤酒，聊到店都要關門了還依依不捨想繼續聊。說再見的時候Christian很紳士地抱了我一下，害羞又靦腆地問「我可以跟你要電話嗎？」我在他手機上輸入我的號碼和名字，緣份就這樣開始了。

　　他來自東岸的紐約州，康乃爾大學微生物學系畢業後選擇追隨興趣，遠離朋友家人，為了圓釀酒夢隻身前往西岸的加州當釀酒師。我們相

遇前的命運相似的不可思議，葡萄酒把兩個世界的男孩女孩拉在一起，Christian的出現讓我的人生哲學有了變化。我一直以為自己不需要人陪，一個人也可以做好很多事，我從沒想過要與另一個人在一起，從沒想過有個男孩能讓我變得不一樣。我和Christian相遇在十一月初，一月初就要離開美國的我只有不到兩個月的時間和他在一起，雖然相見恨晚，但那不到兩個月的時光裡，我總是笑得很開心。我們一起走過舊金山金門大橋、那帕谷葡萄園和酒莊、北加州海邊，有他在的地方都是旅行。生活也不都是吃喝玩樂，平凡的日子裡我們就一起煮飯、窩在沙發一角看書，或者喝杯波特酒，抽根雪茄，享受簡單的幸福。

在美國的日子因為有他變得精彩，幸福與快樂釀的日子一眨眼就過去，我們不得不面對分開的事實。我不是個會被愛情沖昏頭的人，儘管有Christian在的日子美好又浪漫，但我還是理智地照著自己的葡萄酒計畫走，離開美國後，我預計到墨西哥學西文一個月，接著回台灣過年休息後，腳步不停歇地前往智利繼續學酒，我從未想過為他留在加州。

說來諷刺，葡萄酒帶我認識他，但我卻要為了葡萄酒離開他，看著心儀的女孩即將為了她的夢想飛離自己身旁，身為心靈伴侶的他，做了一個重大的決定。「我跟你一起回台灣過年吧！」他語氣堅定的說。我含在嘴裡的紅酒噴了滿地都是，看著他勇敢而堅定的眼神，我緊緊地抱住他。就像當初為了所愛的葡萄酒做的努力一樣，我們倆都願意為了生命中美好事物而奮力一搏，他當晚就訂了機票，除夕夜那天，Christian的身影出現在台中新社，以愛之名行旅行之實。舊金山與台北，十三個小時航程一萬公里的距離，因為有愛而變得近在咫尺。

我一直相信追尋自己所愛，愛你的人就會跟著出現。Christian的出現應驗了這句話，我想珍惜這意外的美好，但過程卻不簡單。在葡萄酒這條

路上，我們一直都是遠距離戀愛，對我來說最難的是疲倦的時候沒熟悉的肩膀依靠，想哭的時候沒有溫暖的雙手擦乾眼淚。但遠距，那只是實體距離遠罷了，心的距離卻因為珍惜對方而變得很近。舉起酒杯，在電話另一端，我和我的釀酒師男友舉杯敬葡萄酒，舉杯敬未來。

10 釀酒不累，累在釀完後剷葡萄皮

　　經典格子襯衫搭上牛仔褲，腳底踩著帥氣工作靴，被紅酒染紅的雙手舉杯搖晃手中的紅酒杯，接著嗅聞、品飲、低頭沈思，最後吐出口中紅酒，紅酒在空氣中畫了一道弧線。這是大家想像中的釀酒師，成天與葡萄酒為伍好不浪漫。但這浪漫背後，卻是各種腰痠背痛、苦不堪言堆疊而成。要成為釀酒師得從基礎學起，就連怎麼剷葡萄都是一門學問。

　　和白葡萄酒不同，卡本內蘇維濃、黑皮諾、梅洛等紅葡萄酒品種在釀造時，葡萄皮會和葡萄汁一起釀，藉此吸收葡萄皮中的色素。再加入酵母發酵後約兩個星期左右，葡萄酒基本上就發酵完可以準備注入橡木桶裡了。釀好的紅酒一點一滴流出，最後發酵桶裡只剩下沒用的葡萄皮還有又黏又稠的酵母渣（死掉的酵母），這些全部都要人工剷出來。想像約一層樓高的發酵桶裡，接近一半都是葡萄皮，發酵桶裡頭不僅又黑又暗，還充滿著二氧化碳，酵母渣又黏又滑，邊剷葡萄皮還邊被噴的全身髒兮兮。這就是成為釀酒師之路的必經過程 —— 剷葡萄。

　　我終究躲不過剷葡萄的命運，一個風和日麗的早晨，一張工作單卻讓我的世界烏雲滿布，手中來自釀酒師的工作單上清楚寫著：剷葡萄。我千拜託萬拜託一旁來自智利的男同事幫忙，已經剷葡萄兩個禮拜的他只是嬉皮笑臉的告訴我「開始健身了！Serena」，然後轉身拿鏟子和安全背心給我，釀酒最累人的剷葡萄運動開始了。進入桶內挖葡萄前得先穿上安全背心，這背心背後有條繩索，目的是為了在人不幸吸入過多二氧化碳昏倒後，能把人拖出來送醫院。我因為害怕把所有事情都誇張化，看見安全背心就覺得我會去醫院，看見發酵桶裡黑暗的密閉空間就覺得自己會有密閉空間恐懼症，即便從來也沒有這個症狀。終於，我心不甘情不願地進入桶內，剷葡萄運動開始了。

　　發酵桶內其實沒有想像中黑暗，頭上一盞照明燈照亮這個小宇宙。我身旁充滿葡萄皮，我試著踩著皮往上爬，每踩一步卻愈陷愈深，就像掉入葡萄皮堆成的泥沼。好不容易找到立足點，終於可以把身旁的葡萄皮一點一點往發酵桶門外挖。我想像自己是機器人，沒有帶情緒地剷葡萄皮，手臂用力將鏟子插入葡萄皮，二頭肌將鏟子用力往上頂，最後藉腰的力量將葡萄皮甩出門外。我以為想像自己是機器人可以讓我忘記疲倦，但手臂疲得發燙的事實卻提醒我自己終究是個人類，我停下手邊動作，看了一下四周，葡萄還是堆積如山。這種感覺就像是希臘神話裡薛西佛斯被懲罰滾石頭一樣，永無止盡又徒勞無功。我又累又無助，外頭同事為了確認我還活著不停和我說話，我只能嗯嗯阿阿的回應，現在的我連說話的力氣都不想浪費。挖著挖著終於見到了最底層的暗紫色膏狀酵母渣，這是由死去的酵母及發酵時酵母分解的葡萄組織所組成的物質。看著眼前這團紫，我自己都難以說服自己這是兩星期前加入的酵母。是不是人在身體疲倦時都容易胡思亂想？因為身體不停地勞動，思想早已飄向遠方，我挖呀挖的居然把發酵桶內的環境想成是莊子所言的混沌。「南海之帝為儵，北海之帝為忽，中央之帝為渾沌……日鑿一竅，七日而渾沌死。」葡萄酒渣，混沌？我想我是累瘋了。終於，所有葡萄皮全被鏟出去，我像是打了一場硬仗的贏家，驕傲地站在桶內看著四周一片乾淨。

　　「嗨Serena，恭喜你完成了！」釀酒師經過，向桶內的我打招呼。

　　我聽不清處他在說什麼，因為我的目光全鎖定在他手上另一張工作單──剷葡萄。而這張工作單給……外頭的智利同事。這回，他一臉苦瓜臉，我則是一臉嬉皮笑臉。

　　我喜歡釀酒，但我真的不愛剷葡萄。「南海之帝為儵，北海之帝為忽，中央之帝為渾沌……日鑿一竅，七日而渾沌死。」我若日鑿葡萄皮一桶，七日我大概也會死。

▼ 用耙子把葡萄渣劑出來

▲ 同事進入發酵桶內劑堆積如山的葡萄

Chapter 3

下一站！
　我在智利的釀酒新體驗

人生新體驗：智利

01 係係係！（西文Si是好的意思）墨西哥一個月西語速成，學西文也學文化

　　2019年的第一天，我來到墨西哥。為了三月在智利酒莊的工作，我決定先在物價便宜的墨西哥住一個月，專注學西文。一個月短暫的停留，不只讓我西文快速進步，還體會了墨西哥深遠的歷史背景、獨特的飲食文化，更認識了一群知足樂天的墨西哥人。那個月，我住在我墨西哥好友莉莉家(Lilihernán dezlechuga)。她是我在比利時念書時認識的墨西哥閨蜜，當時的我們一起上學、一起旅行、一起談那些女孩的事，也愛一起幻想著未來。兩年後的現在，我等不及先來到墨西哥找她，住在她家的一個月裡，我學墨西哥人的西文也學墨西哥人的生活。

　　一月的墨西哥政局動盪，新總統大膽瘋狂的作為讓許多墨西哥人招架不住，他停建即將完工的機場讓政府投資付諸流水，百姓繳的稅因為黨派互相角力而被浪費。另外，他為了抓偷石油的山老鼠而切斷墨西哥所有石油管線，導致全國

鬧油荒。所有加油站要不沒油，要不就是要排上三、四個小時才能排得到石油。因此，一月的墨西哥到處都在塞車，大家在加油站排石油，一排就是半天，車子都回堵到高速公路上了，每天開車上下班都要塞三、四個小時，生活頓時變得折磨。許多人因此選擇搭公車或捷運，但搭大眾運輸工具的人比平常多上兩倍，大家像沙丁魚一樣擠在車箱裡動彈不得，而我也是其中一條魚。

我每天上學都搭公車，一到車站我就拼了命地往前擠，除了要擠進車廂不要掉下去外，還要小心隨身物品不要被扒走，每天早晨我的腎上腺素都要激升才能存活。墨西哥人倒是顯得從容，在這麼擠的狀態下，還是有人在熟練地化妝、有人在自在地抓頭髮，甚至有人大聲哼歌，生活好像不被外在的不良環境影響一樣，墨西哥人總是很快樂。公車是我練西文的好地方，一開始到墨西哥的我什麼都不懂，就在公車上聽著人們說話，而聽到最多的就是「**係係係！**」。西文的係(Si)是好的意思，根據我的經驗，百分之八十的問題答案都是好或對。例如：不好意思可以借過一下嗎？好！下一站是XXX站嗎？對！這裡有位置你要坐嗎？好！在聽不懂的狀態下，說Si再加上解讀肢體動作，其實也能存活。

但小聰明總會露出馬腳，如果不抓緊時間練西文，每天只會係係係不僅永遠學不會西文，還會鬧出不少笑話。因此，在墨西哥的我除了每天上四小時的西文課以外，還會跟UBER司機、街上小販，還有莉莉家人練西文，只要能開口說，我都想練習。在墨西哥搭UBER很便宜，常常下班後我就會搭著UBER到博物館、美術館等旅遊勝地體會墨西哥文化。根據我的經驗，墨西哥的UBER司機總是很熱情，一上車就問我要聽什麼音樂？從哪裡來？為什麼來？學西文多久了？一開始我常常招架不住，常常係係係不懂裝懂，因此鬧出不少笑話。像是「談你要停在左邊還右邊？」司機熱情地問。「係係係！」我一知半解地回答。「所以我要停左邊還是右邊」司機充滿問號，我腦袋也一片空白。另外，有司機以為我是句點王，

▲ 小城霍奇米爾科Xochimilco彩船，墨西哥人喜歡在船上與朋友、家人吃吃喝喝，邊遊河邊享受人生。

問完問題之後只得到一個「係！」然後就沒了，對話無法下去讓他覺得無聊，我也沒轍。幸虧這種狀況沒持續很久，每天四小時的西文課讓我的西文快速進步，漸漸的，我和司機的對話能撐上十分鐘。有一天搭UBER遇到大塞車，原本十分鐘車程變一小時，我還遇見一位健談的司機，看見台灣來的乘客對我充滿興趣，問我各種問題，從愛吃什麼、為什麼來墨西哥，到經濟文化等問題。那一小時是我有印象以來最累的搭車記錄，不是因為路途遙遠，而是因為被迫用一個才學不久（兩個禮拜）的語言。在車

上，我用破爛的西語拼湊出文法幾乎錯的句子，再加上比手畫腳，我和司機居然能溝通，而且還愈聊愈起勁。終於到了目的地，我鬆了口氣向司機道再見，那口氣是放鬆，亦是為自己西文口說進步的喝采。

　　我在交通時間練西文，回家也練。和墨西哥人同住屋簷不僅能讓西文進步，還能真正體會道地的墨西哥文化。我和我的閨蜜莉莉還有他們全家人朝夕相處的這個月裡，我活得像墨西哥人，不論飲食、生活習慣、休閒文化，我都向墨西哥人看齊。有句話說「墨西哥人是玉米做的」，這句話反映了當地以玉米為主食的飲食習慣。從早餐到晚餐，點心到宵夜，墨西哥人都離不開玉米！玉米可以做成Taco、tortilla等玉米餅，也可以和豬油混在一起做成像粽子一樣的Tamale，或是煮熟加美乃滋或檸檬直接吃，更可以煮成玉米湯。就跟台灣夜市一樣，墨西哥街上滿是賣食物的小販，食物不僅美味可口，價錢也公道合理。另外，墨西哥人喜歡站著吃！一天二十四小時，只要攤販有開，墨西哥人就會圍成一圈站著點餐，邊吃邊和老闆聊天，或是就和旁邊的陌生人攀談。在墨西哥，即使一個人吃飯也很開心，永遠不孤單。

　　墨西哥人不愛孤單，所以家庭連結性很強，沒有父慈子孝、兄友弟恭的嚴肅關係，墨西哥人眼中的家人和玉米一樣，不特別但卻很重要。莉莉和他的家人每個星期天都會一起看電影、一起出去餐廳用餐，或是一起出去玩。那一天是家庭日，大家會把握這個時間向彼此更新一週近況，或是一起去拜訪遠房親戚，大家一起吃個玉米、喝杯咖啡，度過悠閒的週末，更重要的是能維繫感情。在台灣，家，也是個很重要的存在。休閒假日廣場上出遊的親子，餐廳裡圍著圓桌吃飯的家人，還有逢年過節的返鄉車潮，都是家庭關係緊密的見證。在地球另一端的墨西哥，我看見台灣文化。

　　我在墨西哥學西文也學文化，我不再只是會係係係，現在我能藉由一個新語言，看見一個全新的風景。

▼　與歐洲交換時認識的墨西哥友人Lili共遊墨西哥彩城Guanajuato

▲　與Lili一家人一起登頂特奧蒂瓦Teotihuacan金字塔

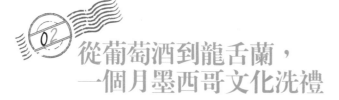

從葡萄酒到龍舌蘭，
一個月墨西哥文化洗禮

墨西哥以烈而不傷喉，焰而不燒舌的高品質龍舌蘭(Tequila)聞名全世界。沿著酒杯杯緣撒上一圈鹽巴並放上檸檬片，喝的時候連酒帶鹽一口吞下，最後吸上一口檸檬，口中檸檬之酸、鹽巴之鹹與龍舌蘭之烈混成人間良露。喝下一口龍舌蘭，喝下一口墨西哥，喝下千年文化。

從馬雅文化到西班牙殖民，從阿茲特克帝國到墨西哥獨立戰爭，這塊夾在美國與南美洲中間的沃土乘載了古文明時期人類互相屠殺的重量，歷經了西班牙人掠奪土地的燒殺擄掠，也見證了墨西哥獨立運動的勇敢。這塊土地上的人們流了太多血與淚，卻也收穫豐富又多元的文化與遍佈全國的古蹟。在墨西哥的這個月裡，我邊玩邊喝，流連在歷史的遺跡下，同時也喝遍墨西哥三大酒精性飲料：啤酒、葡萄酒、龍舌蘭。

🍷Xochimilco彩船大飲Michelada啤酒

在首都墨西哥城南部的小城霍奇米爾科(Xochimilco)中，隱藏著一個聯合國教科文組織認證的世界文化遺產——霍奇米爾科運河。十五世紀阿茲特克人來到這個小鎮，建立了湖上王國也建立了運河系統，如今物去人空，當年湖上之城的繁華熱鬧已灰飛煙滅，留下龐大的運河網千年不斷地流著，孤單的留著。當地人見運河孤伶伶的，於是建了幾艘彩船，讓彩船的五顏六色陪著灰黑的河。畫著畫著，愈來愈多遊客慕彩船之名而來，愈來愈多當地人建造更大更華麗的彩船，漸漸的，古老的阿茲特克運河有了新生命，彩船結合運河兼具歷史與創新，終於被列入世界文化遺址。

▲ 色彩繽紛的Michelada與彩船

　　那天是朋友的生日，在這個屬於他的日子裡，身為霍奇米爾科的他決定與朋友們在彩船上度過。我們買了啤酒與洋芋片，帶上音響，選了一艘彩船就跳了上去。墨西哥人喝啤酒的方式超然獨立，不像世界上其他地方打開啤酒蓋就呼嚕嚕的喝下沁涼啤酒，墨西哥人總愛在啤酒裡加料：果汁汽水、醬油蝦醬、番茄檸檬，只要想的到的東西都要加入啤酒裡一起吞進肚裡。墨西哥人不甘寂寞，就連喝啤酒都要加點什麼才甘願，但這樣的調味啤酒卻出乎意外的好喝。我買的啤酒叫做Michelada，把啤酒倒入塑膠杯中後加點醬油和檸檬，最後在杯緣滾上一圈加了酸酸甜甜的糖漿，一點都不健康但卻好喝至極的Michelada就誕生了。

　　我手握Michelada，隨著熱情洋溢的拉丁音樂在船上扭腰擺臀，還時不時和同船的朋友們圍成圈跳舞，當有另一艘彩船朝我們迎面而來，我們就興奮地舉起酒杯和對岸的人們打招呼。這讓我想起台灣，熱情好客的台灣人坐船時，若有另一艘船朝我們駛來，船上的人總會興奮地揮手打招呼。不同的是，手中握著的珍珠奶茶換成了Michelada。我在歷史的洪流上流著，身邊全是色彩繽紛的彩船，手中握著墨西哥特有的Michelada，這樣休閒的午後竟有種如夢似幻的感覺，好似沐浴在一個快樂的彩色世界。

彩色城Guanajuato品飲墨西哥葡萄酒

　　瓜納華托(Guanajuato)像極了歐洲的城市，小鎮裡充滿色彩繽紛的房屋和蜿蜒的小石子路，簡陋的教堂是西班牙殖民的痕跡，裡頭做禮拜的人們和外頭嬉戲遊玩的遊客相輝映，形成一幅美麗的圖。這裡是另一個世界文化遺產，聯合國教科文組織肯定這裡留下來的西班牙傳統音樂，讓小巧可愛的瓜納華托頓時成了遊客們假日散心，聽音樂喝酒的好地方。

　　十六世紀西班牙人殖民墨西哥時為美洲帶來歐洲風情，葡萄酒與音樂正是西班牙在瓜納華托上留下的痕跡。讓眾多遊客慕名而來的是小鎮的遊街音樂會，只見一群男生們手拿手風琴、吉他還有鈴鼓，穿上西班牙傳統服裝，浩浩蕩蕩地領著一群遊客穿梭在蜿蜒的巷弄裡。在月黑風高的夜晚，領行人高舉火燭，領唱者一聲高昂的男高音劃破天際，隨隊的大家聚在一起跟著火把的一閃一爍打節拍，跟著歌聲時而拍手時而跳舞。穿越窄小的巷子時，歌聲左右來回拍打在石磚與牆壁間，回音譜成多重奏。置身在墨西哥，我卻有身在古歐洲的錯覺。

　　我們天不怕地不怕地穿梭在黑暗巷弄裡，隨著前方慷慨高昂的歌聲來到了中央廣場。眾人圍著廣場中央的大噴水池，說唱人帶著吉他踩上台階，彈著吉他邊唱歌邊說故事。聽不懂西文的我無法了解說書內容，只能專注於他的音調及語氣，他似乎在說一個巷弄裡發生過的鬼故事，旁邊的聽眾隨著他逐漸變小的聲音而緊張得直打哆嗦，最

▲ 正要出發的遊街音樂會

後又被他如鬼魅般銳利的目光嚇得驚聲尖叫。故事的結尾結束在一罐陶
壺，只見一滴滴如鮮血般豔紅的液體從壺裡緩緩流出，在台上的說唱人拿
高舉酒杯接住滴下來的液體，他說那是鬼魅死亡前的血，他戲劇性地喝下
肚，結束了這個故事。聽得懂西文的觀眾早已嚇破膽，我則呆在一旁不知
到底發生什麼事，等回過神來，手裡已經握著酒杯。領行人開始向大家發
酒杯，原來裝在壺裡的是葡萄酒。西班牙人的到來為小鎮帶來歐洲葡萄酒
文化，墨西哥因此傳承了歐洲的釀酒技術，雖然釀出的紅酒不比龍舌蘭有
名，但卻別有風味。遊街音樂會的最後，我們一行人圍在一起喝葡萄酒，
以美酒結束這場音樂與文化之旅。

在彩色西班牙式城Guanajuato品飲墨西哥葡萄酒，被殖民時期的墨西
哥歷經了一場文化革命，讓五百年後的世人能在美洲國家看見歐洲文化。

登頂特奧蒂瓦坎（Teotihuacan）金字塔後淺嚐道地龍蛇蘭

西元前兩百年，特奧蒂瓦坎人來到了墨西哥中部高原，並自此建立了
一座城。城的中央是兩座金字塔，分別代表月亮與太陽，兩千年前的特奧
蒂瓦坎人就圍繞著祭祀用的金字塔生活著。當時，平常人不可以隨便上金
字塔，只有祭司才能登頂，或者祭品。

時間轉到兩千年後，成群的遊客在排隊沿著金字塔階梯往上爬，遠觀
就像一群守秩序的螞蟻環繞著金字塔，好不壯觀。如今，金字塔千年前的
莊嚴已不復存在，取而代之的是有如智慧長者般的親和與莊嚴。幾年前看
電影「阿波卡獵逃」時，電影畫面不時出現金字塔的畫面，當時就幻想若
有一天自己能登上任何一座古印加文明金字塔，那必定得大肆慶祝一番。
而現在，我站在頂端，僅管墨西哥乾燥的風吹得臉頰發疼，但心裡仍為這
歷史性的一刻雀躍不已。

　　同行的墨西哥友人在金字塔底端早已準備好一罐當地上等龍舌蘭在等我，他手上那杯龍舌蘭不停地在召喚我，我在上頭享受完登頂後的舒暢後，一溜煙地就衝下金字塔。我們在金字塔附近選了塊空地，朋友迫不及待地拿出檸檬、鹽和今日主角──龍舌蘭。儘管我仍氣喘吁吁，但仍舊不想浪費一絲時間，吞進鹽巴、含著檸檬，以迅雷不及掩耳的速度咻地就飲盡杯中物。那剛中帶柔的第一口與柔中帶剛的尾韻在嘴裡作成一首有起承轉合的詩，在金字塔旁享用龍舌蘭是我夢也夢不到的享受。

　　從啤酒、葡萄酒到龍舌蘭，墨西哥以酒迎賓，以誠相待。在美國和智利間的中繼站，我重新充飽電，準備迎接下一段旅程──智利。

▲ 與Lili一家人一起登頂特奧蒂瓦Teotihuacan金字塔

 智利，挑戰開始！我的南美洲陋室

飛了三十個小時，從台灣轉機到韓國，候機五小時再來到美國，最後我筋疲力竭地抵達智利首都——聖地牙哥。二月的智利正值盛夏，炙熱的太陽再加上十二個小時的時差讓我頭昏腦脹、昏昏欲睡，我拖著行李和沉重的腳步走出機場，一抬頭望見偌大的智利國旗隨風起舞，以南美洲的熱情如火歡迎我這個身心俱疲的台灣人。我終於來到南美洲。

一下飛機，我就因為語言的隔閡對智利有先入為主的恐懼。智利人的西文對我來說就只是一串唏哩呼嚕的外星文，連問個路我都得比手畫腳，煞費一番苦心。在機場不停迷路，然後茫然地問路，好不容易讓我問到正確的公車站準備前往酒莊，卻發現台灣的金融卡在智利居然領不出錢來，身無分文的我連相當於台幣五十元的車錢都付不出來，只能呆站在公車站前不知如何是好。我心中充滿害怕與惶恐，心裡頭開始冒出外國人會被搶劫，女孩會被抓走的各種可怕都市傳說。我愈想愈害怕，但沒智利匹索付車錢的我卻上不了公車，只能任憑一班班公車從我面前呼嘯而過，一點辦法也沒有。「你要去UNDURRAGA酒莊嗎？這班公車就是了。」公車站的警衛注意到一個外國女孩杵在原地久久不上車，忍不住前來關心。我尷尬卻又充滿希望地看著他，他或許是我的救星，能給我一千智利匹索坐公車。

我指著提款機比了一個叉，兩手插進褲子口袋再抽出來想表示沒錢，再加上一連串西文加英文解釋，我盡所能地向警衛表達我的窘境。他似懂非懂的猜我想說什麼，最後終於忍不住拿起手機打開google翻譯，初抵智利沒有網路的我看到google翻譯，開心與興奮不言而喻，我終於能夠和人溝通了。幸虧有google，警衛終於了解我的慘況，阿莎力地就從口袋抽出一千智利匹索，我給了他一包台灣綠茶茶包以示感謝，迅速地跳上公車。

公車啟動，我坐在椅子上鬆了一大口氣，警衛從窗戶外朝我揮手道再見，手裡還拿著我送給他的綠茶。我靜靜地看著窗外，一排排葡萄樹在公車高速行駛下如動畫般一幕幕映入眼簾，回想今天從下飛機到現在的總總遭遇，我一邊感謝終於有驚無險地上了公車，一邊卻又因語言不通而造成的困擾略感失落。然而，我渾然不知未來等著我的是一個充滿更多西文，充滿更多挑戰的環境。

　　我終於抵達酒莊。釀酒季開始前的酒莊一片寧靜，沒有載葡萄的卡車來來去去，也沒有幫浦聲轟轟作響，只有釀酒師坐在電腦前處理文書。「嗨，我是Serena。」看釀酒師工作的認真，我小聲的自我介紹。「你好你好！我先帶你去你們的宿舍放行李，大老遠過來你先休息一下吧！」釀酒師匆忙關上電腦，臉頰碰了我的臉頰一下來一場南美洲式的打招呼法，接著帶我往他車的方向走去，引擎轟轟地啟動，智利釀酒師載著我和我的行李來到了離酒莊不遠的一間小房子。

　　不像是紐西蘭或加州，大部分智利酒莊會提供房子給外國釀酒師助手。當初面試時釀酒師提到我將入住酒莊宿舍，我便幻想往後將會有自己獨立的房間，外面還有大客廳讓我可以和其他釀酒師助手在那哈拉閒聊，房子裡WIFI、電視應有盡有，智利的酒莊宿舍將會如豪宅般舒適。幻想在抵達小房子那一刻全部幻滅。小房子裡只有兩間房間，每間房兩張上下鋪把五坪大的房間擠得沒地方放行李，外頭沒有花園只有雜草叢生，客廳裡有電視但沒訊號，角落一隅有WIFI盒但不管用，廚房裡有瓦斯爐但沒瓦斯，另外，還看不見洗衣機的蹤跡，以後髒衣服全部要用手搓。我初見這景象，心都涼了一半。接下來的三個月裡，我要在這個「麻雀不僅小，五臟都沒有」的宿舍度過。

　　我是第一個抵達宿舍的人，我好奇我的室友們會是哪裡人，對室友的期待讓我暫時忽略宿舍的簡陋，涼一半的心又熱了起來。緊接著我，一位留

著大鬍子的男生背著大大的行李，腳步踉蹌的走了進來。「歐拉！」（西文你好的意思）他臉頰朝我臉頰親過來，熱情地向我問好。接下來便是一串我聽不懂的西文，我直覺地用英文回應他，以為全世界的外國人都應該會說英文，沒想到他卻一知半解的看著我，原來他一點英文都不會說。

這下慘了，要住在一起三個月的室友我卻無法溝通，心中恐懼油然而生。他來自阿根廷門多薩，南美洲另一個被葡萄酒擁抱的地方，釀酒學系畢業的他跨越安地斯山脈來到另一頭的智利賺取經驗，因此他來到這個小房子。不久，另一位女生出現了，她也來自阿根廷門多薩，也是釀酒學系出身，她也不會說英文。小房子愈來愈多人，愈來愈多阿根廷門多薩人，愈來愈多只會說西文的人，最後十個釀酒師助手全數到齊。六位阿根廷人，三位智利人，一位台灣人。我是唯一不會說西文，也是唯一會說英文的人。在這個陌室裡，我將與我的南美洲室友展開三個月的同居生活，不僅一起上班還住在一起，而我不會說西文。

在我的南美洲陌室裡，智利的挑戰即將開始……

▲ 與南美洲室友共進早餐　　　▲ 上班葡萄酒下班喝啤酒的我們

夢想路上，我終於在人前崩潰痛哭

　　我的夢想之路並非一帆風順，我在智利終於因為承受不了壓力而崩潰痛哭。

　　一早我還遊走在夢與現實的邊緣，雙眼一睜開還分不清楚自己處在哪一個世界。多麼希望我在溫暖又舒適的台北老家，但等我一回神，卻發現自己躺在窄小的床上，旁邊還多了好多南美洲室友。外頭傳來陣陣西文，但對我來說全部都只是一些無意義的音節，客廳乒乒乓乓的聲音把我徹徹底底地吵醒，我偷偷伸頭探向房門外，我的阿根廷室友們拿著購物袋，推著菜籃正準備一起去超市買東西。

　　我其實已經睡意全消但卻還賴在被窩裡，全都只因為我在逃避。聽不懂西文卻和只會説西文的人住一起，每天一睜開眼就是挑戰，一種明明因為不懂而失落但卻又要強顏歡笑的挑戰。阿根廷人不管做什麼都要一起，一起去超市、一起吃早餐、一起煮晚餐，對他們而言，一群人一起是有伴，是團結力量大，但對有語言隔閡的我來說，和他們在一起的每一分每一秒都是壓力。我嘗試著運用在墨西哥學的西文和他們對話，但卻常以尷尬作結。

　　我愈來愈覺得孤單，雖然每一天身旁都有人作陪，但和一群人住在一起卻無法正常對話的感覺，竟比獨居還孤獨。我偏偏又是個人來瘋的人，只要聽見客廳有人在説話，在房間裡的我便想湊一咖，深怕一個人在房間裡會被別室友認為在耍孤僻。我故作熱情地走出房門和大家打招呼，想加入話題，但不會説西文的我卻總是把氣氛弄得尷尬，有時甚至還會莫名被嘲笑，最慘的是我連為什麼引來哄堂大笑的原因都無法理解，因為我不會説西文。

　　剛抵達智利的每一天，我的心都在拉扯，該出去與大家同樂卻會因此備感壓力？或者是躲在房間繼續逃卻感覺安逸？我總是選擇出去，有時候連我自己都覺得我在逼自己。我總假裝和南美洲人一樣奔放熱情，我欺騙自己我沒事、我可以。只有晚上夜深人靜，脫掉面具的我靜靜躺在床上時，才能真正放鬆。我躲在黑暗裡，沒有西文，沒有南美洲人難以招架的熱情，只有我，真正的我。

　　我發現我好累，當初為了學南美洲的葡萄酒歷經千辛萬苦終於來到智利，剛拿到工作合約時還開心地又叫又跳，現在心卻累到想哭。為了葡萄酒，我以為只要努力就沒有什麼過不去的，於是我辭職去紐西蘭工作又去了加州，還去了墨西哥學西文，我披荊斬棘的走過一關關。但這回，我真的累了，我終於崩潰。

　　那是個週末晚上，大家聚在一起喝啤酒聊葡萄酒好不開心。酒酣耳熱之下，大家說話聲音開始變大聲，並且逐漸開始說一些愚蠢的醉言醉語。「青、嗆、穹，中文是不是都這樣說的呀？」阿根廷男孩天外飛來一句，我瞬間成為全場焦點，大家看著我哄堂大笑。「蛤？我從來沒這樣說吧？」我用僅有的西文硬是擠出一句話，眼淚含在眼角就要潰堤。身旁的智利女孩見情況不對，急忙要男孩們住嘴，但男孩們在酒精的影響愈來愈起勁。「台灣？在哪裡啊？」我心裡默默祈禱他們快停止。「亞洲人眼睛都長這樣嗎？」另一個男孩把自己眼睛拉成一條線，其他人捧腹大笑著。

　　我身體開始顫抖，豆大的淚珠沿著漲紅的雙頰流下，我無法自制開始啜泣，即便這時候理性的我還是努力說服自己別哭，大家不過是醉了。但，另一個脆弱的我早就受不了日積月累的壓力，在所有人面前崩潰大哭，頭也不回地跑開。阿根廷女孩追著我出來，男孩們則呆愣在原地，所有人被我這一哭嚇得酒都醒了，也知道玩笑開大了。

　　旅行過眾多國家，我在南美洲第一次因為自己的文化背景被嘲笑，除了對這個熱情的國度心灰意冷，更多的是我對未來三個月的智利生活充滿恐懼。「沒事沒事，臭男生見識少又喝多了！我知道你很努力要和大家一起，我很佩服。」追出來的阿根廷女孩輕輕地抱著我，在我耳邊細語。我不知道自己為什麼那麼難過，是恨男孩們的愚蠢呢？是恨自己不說西文呢？還是恨自己為了葡萄酒把自己逼得這麼累？反正我就是哭了，追尋葡萄酒的路上，我第一次崩潰大哭。

　　從小到大，我遇到挫折時都習慣把自己關起來，用未來自己的身份寫一封信給現在的自己。那天晚上我不再融入大家，我走進房間用棉被把自己蓋著，在溫暖又安全的被窩裡振筆疾書。未來的我是一個走過風風雨雨的成熟女性，看過大風大浪的她總是笑臉迎人，總是很堅強。「痛苦會過去，美會留下。」她這麼對我說。每個難關都是禮物，也許現階段全身是傷，但浴火重生的鳳凰總是比別人耀眼。未來的我這麼說⋯⋯

　　我決定擦乾眼淚好好睡一覺，明天一起床，室友們會看到一個不一樣的我，浴火重生的我。

05 我在智利釀特級紅酒！幸運，說穿了只是努力和不計較的另一面。

大哭完後的隔一天正好是酒莊第一天上班的日子，我和我的室友們準備要一起走路上班。一起，對我來是壓力，對昨天弄哭我的阿根廷男孩們來說更是一段充滿罪惡感的路程。從住家到酒莊走路三十分鐘的距離卻好像永遠都走不到，尷尬的氣氛瀰漫在空氣間，沈默是共通的語言。

「沒事啦，我昨天喝多了才大哭！」受不了沈默的我終於先破冰，把昨天的崩潰怪罪於酒精，希望給室友們一個台階下，也希望開啟酒的話題能讓氣氛頓時變得輕鬆。阿根廷男孩鬆了一口氣，背在身上的罪惡感頓時卸了下來，搔搔頭對昨天踰矩的行為道歉，大家又恢復往常的談笑風生。其實我昨天根本沒醉，我是真的承受不了大家的冷嘲熱諷才崩潰大哭，但他們是我未來要同居三個月的室友，我不想在第一個禮拜就讓關係變得緊張，況且我來智利是為了葡萄酒，可沒時間為人情世故傷腦筋。昨天的我因為語言障礙而崩潰大哭，今天的我就要克服語言障礙開始酒莊工作。我沒有時間掉眼淚，更沒有多餘的心思害怕未來的智利生活，我的眼裡只有葡萄酒。

終於走到酒莊，踏進酒窖的那一刻起，我的智利釀酒行終於開始。比起紐西蘭和加州，我在智利的工作量加倍、薪水減半，不但沒有週休二日，反而是兩週休一天，每天工作十三、十四個小時更是家常便飯，我從來沒這麼苦過。不僅身體辛苦，我的心每天都累得憔悴。酒莊除了我與我的阿根廷室友外，全部都是智利人，因此不僅所有工作單都是西文，就連釀酒師解釋葡萄酒也都是全西文。起初我懵懵懂懂不知道釀酒師到底想要什麼，和同事合作時也不懂同事想要幹嘛，同事拿我沒轍，我也常常因為不懂而覺得失落，還好在紐西蘭與加州的工作經驗幫了我一把。和紐西蘭

與加州一樣同處葡萄酒新世界的智利，釀酒方式和我以前工作酒莊其實大同小異，不外乎添加酵母，開幫浦替葡萄酒做循環等我以前就學過的製程。因此，工作起來說不上是得心應手但也不是笨手笨腳，每天我都進步一點點，漸漸的愈做愈順手。

我的阿根廷室友兼同事具有放蕩不羈的性格，不僅常常工作時不見人影，要不就是在一旁滑手機聊天，有時甚至會藉口腰痛就請假在家。我因為語言不通無法加入話題，因為沒網路沒辦法滑手機，因為身體硬朗所以沒請假回家，我只能全神貫注在工作上。於是，我每天爬上爬下幫葡萄酒做循環，不僅一個人當兩個人用，累了也只能悶不吭聲，因為我的西文沒好到能抱怨。我常常一個人默默地努力、默默地做，埋頭苦幹的形象和鬆散懶惰的同事們完全相反，因此吸引了釀酒師的注意。

「你在哪裡念葡萄酒的呀？」一天我送果汁樣本給釀酒師，全酒莊唯一會說英文的釀酒師好奇地問。一直以來都在西文環境下一知半解、支支吾吾的我，突然聽到英文備感親切，話匣子一開娓娓道出我的故事。釀酒師聽我故事聽得出神，除了訝異我原來是個愛說話愛聊天的人外，更驚訝的是我從沒在任何學校學過釀酒。我驚訝他的驚訝，他目瞪口呆但卻若有所思，我想我是不是說錯話了，一不小心把沒學過葡萄酒的事實說出來。我開始擔心自己會被炒魷魚。

想不到事情有了出乎意料的發展，釀酒師不僅沒炒我魷魚，還給了我一份大禮，把我從普通白酒區調到特級紅酒區工作。特級紅酒區是酒莊裡最高級的酒窖，釀酒師不僅會特別關照特級紅酒，有時還會選用野生酵母發酵以釀出風味更多變新奇的紅酒。另外，不像其他酒窖又暗又髒，特級紅酒區裡乾淨明亮的環境成了遊客參訪酒莊的必經之地。在這裡工作意味著能向釀酒師學到更多，還有機會和參訪遊客和導遊互動。對於愛挑戰又人來瘋的我來說，特級紅酒區是酒莊裡最夢幻的天堂。

　　當別人偷懶，我就傻傻地做；當別人耍嘴皮子想賴掉工作，我就閉嘴靜靜地動手。不會説西文的我起初覺得自己很笨，總做得比別人多又無法説什麼。我選擇不計較埋頭苦幹地做，直到被釀酒師調到特級紅酒區，我才發現自己原來是最幸運的人。幸運，説穿了只是努力和不計較的另一面。

▲ 在特級紅酒區工作的我

窮得只剩下快樂

　　追尋葡萄酒的路上，我在智利因為居住環境、語言不通和文化差異而備感挫折，但更多的磨練還沒結束，我在智利的第一個月還非常窮。因為台灣的金融卡領不出錢加上酒莊又還沒支付薪水，生活費只有抵達智利前在書包撿到的一百塊美金。我的阿根廷室友們狀況也好不到哪去，智利的物價水準對於遇上國家經濟衰敗的阿根廷人來說非常高，在酒莊還沒支付薪水前，大家都得勒緊褲帶。

　　和一群阿根廷人一起窮、一起吃苦的那段日子是我人生最有收穫的插曲，我學會知足，學會從微小的事物上得到大大的快樂。在台灣豐衣足食的我，茶來伸手飯來張口，便利商店和夜市隨時都有便宜又好吃的食物；在台灣有洗衣機的我，衣服從來不需要自己洗，不費吹灰之力就有乾淨的衣服；在台灣總是有熱水的我，水龍頭一開就能洗個舒服的熱水澡。即便是後來去加州和紐西蘭釀酒，生活也是衣食無虞，不僅能吃飽穿暖，還有其他時間和錢吃喝玩樂、享受人生。但來到智利後，原本習以為常的生活卻因為沒錢變得極為困難。

　　室友和我都想省錢，因此一起到超市買東西時，每個人預算只有兩千智利披索（約一百元台幣），這預算要活兩個禮拜幾乎是不可能的任務，但我們做到了。我們不是喝西北風過日子，而是吃馬鈴薯。那天到超市買菜時，我們買了一大堆的馬鈴薯，除了因為馬鈴薯便宜外，最重要的是馬鈴薯好入菜。因此，好幾個晚上我們都吃馬鈴薯大餐：阿根廷男生的厚煎馬鈴薯、智利女

▲ 雖然沒有豐盛大餐，但大家聚在一起就很開心

孩的馬鈴薯派、阿根廷女孩的馬鈴薯泥，還有我的馬鈴薯燉馬鈴薯，桌上擺滿好幾道菜，但說穿了都系出同門——馬鈴薯。

菜一上桌，我們看著桌上一大堆馬鈴薯佳餚，不禁哄堂大笑，自嘲怎麼會淪落到此地步。大家還是津津有味地吃著，一群人圍著小圓桌大啖馬鈴薯大談葡萄酒，在溫暖的月光下享受這簡單的快樂。我清楚記得那晚馬鈴薯大餐後，我第一次在室友旁邊覺得自在，之前有的語言隔閡因為朝夕相處再加上共患難已逐漸消失。我發現阿根廷人總是愉悅，簡單的晚餐只要有朋友作陪就笑得好開心，在他們身上我找到快樂的泉源——知足與分享。我左手拿著馬鈴薯塊，右手扒著馬鈴薯泥，享受這從來不曾經歷過的窮困，還有最簡單的快樂。

我的智利陋室接近家徒四壁，家裡連洗衣機都沒有，所有衣服都要自己用手搓。每天下班我都累得全身無力，但卻又要擠出一最後一點力氣手洗衣服。我把衣服泡在桶子裡，手用力拍打用力搓，古裝劇中婦女在河邊洗衣服一樣用力拍打衣服的畫面現在就發生在我身上。一旁的室友也是奮力拍、用盡全力拍，嘴裡還不時冒出幾句西班牙髒話，碎碎唸個不停。費了一番功夫還有一大堆時間，我終於洗好衣服。辛苦部分還沒結束，我得把衣服一件件擰乾然後掛在外頭晾乾。洗完衣服的我基本上已累到快

癱瘓，擰乾衣服簡直是把我魂都抽走了，我像機器人一般不帶情緒的擰衣服，原來人累到極致是沒情緒的。

▲ 沒有洗衣機和烘衣機，大家只好自己擰自己晾

終於，歷經快一個半小時的奮戰，衣服都洗好擰乾了，我一件件地把它們掛在竹竿上，最後累得倒頭就睡。我從來沒感謝過洗衣機，它總在家裡一角默默承載著全家人衣服的重量，它每天不抱怨地轉呀轉，洗衣脫水一手包辦，為人類省去好多時間與力氣。現在，我渴望一台洗衣機，只要宿舍能出現一台洗機我就能非常快樂。我和室友們幾乎每天拍衣服、洗衣服、晾衣服，就這樣過了快一個月，痛苦已經變得習以為常。

雖然心裡還是希望有台洗衣機，但隨著時間過去，我的洗衣機夢愈來愈渺茫，我也愈來愈不期待。有天下班回家，家裡傳出轟轟轟的脫水聲，室友們正為著一台簡陋的洗衣機拍手叫好，一問之下才知道那是酒莊買來送給我們的簡易洗衣機。洗衣機雖然陽春，但一想到我不用再像古人一樣手洗衣服，我內心就湧起無與倫比的快樂。

在智利的第一個月，我和室友們都過得很窮，窮得只剩下快樂。有時我不禁納悶，人生短短就一回，該富得煩惱？或是窮得快樂？

疲倦與生氣的一間之隔，
悲痛哭泣與破涕為笑的咫尺之差

智利的海灘因為太平洋的擁抱而遠近馳名，復活島上摩艾像因為佇立千年而名聲遠播，印象中的智利是個擁有自然風光與豐富文化的國家。當初為了體驗南美風光而落腳智利，然而我卻無暇享受智利風情，我的每一天都在酒莊裡，每天十三個小時，一個月休四天。

每天早晨我踩著日出上班，每天晚上我頂著星星回家；沒有週一早上的藍色憂鬱，沒有週五晚上的狂歡心情，每一天對我來說都是工作天，每一天對我來說都是早出晚歸，這就是我在智利的釀酒人生。在特級紅酒區上班的我，為了確保每一槽發酵桶裡的紅酒都有足夠氧氣讓酵母可以順利發酵，每天都得親手為紅酒做循環，除了每天爬上爬下快一百趟之外，還得一次開三台幫浦，眼明手快在最短時間內循環最多發酵槽。

原本乾淨細嫩的雙手因為成天與紅酒為伍變得又紅又粗糙，沾在手上的葡萄紅色素在掌紋間沈澱成一片黑，一忙起來就忘了時間的我，常常一回神雙手就已經變得又黑又醜，還充滿傷痕。雖然手變得烏漆抹黑又傷痕累累，但我總告訴自己手上的傷經過時間的療癒會愈變愈好，努力釀出的紅酒經過時間的調味也會愈沉愈香，以認真工作的雙手換一口美酒，再值得不過了。大多數的時間我都是如此樂觀，直到我連續工作兩星期沒休息，再加上阿根廷同事懶散的工作態度，讓再怎麼愛紅酒、再怎麼樂觀的我終於火山爆發，對自己發了脾氣還把自己氣哭了。

那天下午溫暖的陽光灑在柔軟的草地上，從酒窖望出去盡是一片萬里烏雲，然而這好天氣卻和我心頭烏雲罩頂恰好相反。我的兩個阿根廷同事在

工作時要不突然消失，要不就是滑手機掉進臉書世界裡而忘了有工作在身，我常常一個人做三人份的工作。我從不抱怨，一方面是因為西文不好不知道要怎麼解釋我的窘境，另一方面是從小被教育以和為貴的精神，不想因為打小報告而壞了和這兩位同事兼室友的感情。但同事落跑是事實，一肩扛起特級紅酒的重擔也是事實，連續工作兩星期沒休息的我終於受不了了。

我當時正在發酵桶上頭工作，我的阿根廷同事在下面滑手機，一點都沒注意到手邊正在循環的紅酒就快要溢出桶子來。我朝著他大吼要他關上幫浦，但轟隆隆的幫浦聲加上同事沈醉在網路世界，他完全沒聽到我在說什麼。我眼睜睜看著紅酒流到地上卻愛莫能助，同事見到地上一片紅才終於回神關掉幫浦。我在上頭又生氣又難過，覺得同事怎麼態度能如此怠慢，但更氣的是我當初怎麼會決定來智利，讓自己遭遇生活和工作上的一切困難。我開始對一切事情都出現負面想法：為什麼人類要有不同語言讓彼此溝通有障礙？為什麼我選擇到處闖蕩不過安逸生活？為什麼爸媽在台灣？為什麼男友不在身邊？為什麼我這麼累？為什麼為什麼，到底為什麼我在這裡？原來疲倦與生氣只有一間之隔，我累到氣，氣到累，惡性循環下我連最愛的葡萄酒都不愛了。

當天晚上我拖著疲憊的身體回家，儘管夜晚的星空閃耀動人，在我眼裡看來卻不過是些醜陋又擾人的光。生氣的眼睛，看什麼都不順眼。好不容易到家，我終於能夠洗個熱水澡好好放鬆。慶幸的是今天陋室裡的熱水沒讓我失望，在蒸氣氤氳的浴室裡，我不僅洗去一身的疲憊，還大哭了一場。我張大嘴巴無聲地大哭，試著不讓室友聽見啜泣聲。哭的時候我沒有揪心的痛，反而有種釋放壓力的爽快，我愈哭眼淚愈少，直到疲倦與生氣都隨著蒸氣煙消雲散，我才關掉水龍頭。洗了一身熱水澡後，疲倦被洗掉了，心也乾淨了許多。

雖説疲倦是生氣的主因，但要把累積已久的負面情緒連根拔除還是得找個人説説話，把心裡的垃圾都倒乾淨。在浴室悲傷痛哭完後的我，拿起手機傳了一則簡訊給遠在加州的男友。

「你有空嗎？我可不可以打給你？」我邊打，眼淚邊模糊了視野。

「好啊！你還好嗎？」不到一分鐘，手機裡傳了加州的關心。

電話一通，我批哩啪拉地把今天發生的事還有一直以來累積的工作壓力全都説給他聽，另一端的他沒有説太多話只是靜靜地聽著，安撫我一切都會好起來，我愈説愈平靜，好似一肚子苦水都吐出來了。最後他溫柔地説：「你累了，去睡一覺吧。」他的聲音像棵大樹張開雙臂，讓我這隻飛倦了的鳥兒知道有個地方能夠依靠，有個地方能休息。我終於不哭，擦乾眼淚和他道聲晚安。悲痛哭泣與破涕為笑，僅有一通電話的咫尺之差，明天一切都會變好的。

我對追夢過程中的不順遂早已習以為常，對我來説比起勇敢追夢更重要的是要學會怎麼替自己療傷。疲倦與生氣只有一線之隔，那就想辦法讓自己好好休息；悲痛哭泣與破涕為笑的咫尺之差，就差在我知道遠方總是有個肩膀能依靠。

勇敢的追夢人呀，我們都需要愛，愛自己與被愛。

08 停電那天，我找回寧靜

　　不知道從什麼時候開始，現代人被智慧型手幾綁架了。孩子們不再奔跑嬉戲，總是低著頭專心滑著遊戲；年輕人們不再享受當下，總是在意Instagram誰又回了昨天的發文；大人們不再看書讀新聞，成天對著手機滑呀滑的，滑到的盡是一些無意義或者造假的文章。在這個資訊爆炸、人人滑手機的時代，我常常覺得愈滑心愈亂，愈滑愈孤單。不知從何時起我也養成了每天滑臉書、滑Instagram的習慣，不更新朋友動態就覺得自己是邊緣人，不回line或WhatsApp訊息就覺得渾身不對勁。

　　生活中常常有和別人說話，別人卻低頭滑手機的經驗，這種感覺既不舒服又覺得不被尊重。手機成癮是現代人最嚴重的文明病，它讓人們只在意螢幕裡發生的故事，而喪失了對現實生活的感官，它讓人們只在意虛擬世界裡的關心，而忘了珍惜當下身旁的人；它讓人們忘了以前沒智慧型手機時的生活多麼單純。我也是個愛滑手機的人，但在智利一次停電經驗，卻讓我返璞歸真，重新憶起如何享受當下，享受身旁人的陪伴。一天下班回家，應該亮著溫暖燈光的家卻一片漆黑，電視機裡沒有熟悉的說話聲，外頭洗衣機不再旋轉，WIFI盒也不再供應網路。停電的那晚只有窗外蟲鳴陪伴黑暗的家，家裡只有我、室友還有桌上一排排紅酒。原本一回家就各自關在房間滑手機的大家，今天被迫聚集在客廳裡，享受對方的陪伴。

　　沒網路、沒電視、沒音樂，只有彼此和桌上一排紅酒，我們被迫不低頭回簡訊，專心和對方聊天；被迫不發文炫耀，專心品飲紅酒。沒有手機的打擾，我全神貫注在手中這一小杯紅酒，黑暗中見不著顏色的紅酒杯顯得神秘兮兮，杯中物究竟是何種葡萄酒？是小家碧玉的黑皮諾？或是大家閨秀、香氣撲鼻的希哈？抑或是果香味十足的梅洛？沒有其他事能做的大家只能把玩手中的葡萄酒，猜品種、猜年份、猜怎麼釀，大夥兒專心享受

當下的紅酒，一起聊天聊得好不愉快。起初沒網路時，我因為收不到手機另一端的消息而焦急，我一直祈禱電能趕快來，我心想我有好幾則line沒回、好幾個朋友的Instagram沒滑到，手機於我像是毒品一般，才一下子沒碰我就神情緊張無法放鬆。但漸漸的，我開始能注意旁邊人的陪伴，這群和我一樣沒網路就不安心的室友們也漸漸習慣沒有網路的夜晚，我們邊品飲紅酒邊聊著彼此的故事。住在一起這麼多天以來，第一次大家聊天時全程看得對方眼睛說話，而非低頭滑手機。重新找回遺失許久的專注，我和室友們敞開心胸地聊天，我用自己半調子的西班牙文硬是加入話題，在葡萄酒和室友們陪伴下，在智利快兩個月的我終於不再感覺孤單，能真正丟掉手機享受當下的每一分每一秒。我們就這樣一路聊到深夜，電還是遲遲沒來，大家飲下手上最後一口紅酒後紛紛回房休息。

　　當天晚上因為沒網路，手機已經好幾個小時沒跳通知，我靜靜地躺在床上，第一次注意到外頭皎潔的月光。記得以前沒手機的時候，睡覺前總是會邊看著窗外月光，邊回想今天一整天發生哪些事，想著想著就平靜地睡著了。有手機之後，我睡覺前仍抓著手機不放，或許回著遠方朋友的簡訊，或許有意無意地滑著臉書。長大後的我總是花時間在網路上，忘記把睡前的時光留給自己，留給月光。「好久沒看月亮了。」那晚睡覺前我像小時候一樣望向窗外，月亮還是像從前一樣溫柔，靜靜地掛在空中等我的故事。

　　我躺在床上細想這一路走來，從紐西蘭到智利，葡萄酒路上有歡笑有淚水、有挫折有幸運、有點頭之交的朋友也有深情守候的愛人。我拋開原有的安穩就這樣奔向遠方，另一頭的爸媽是心疼還是驕傲呢？阿嬤現在是不是邊和月亮談心事邊等著我回家呢？為了葡萄酒闖一回，未來會是怎麼樣呢？有些事情，只有月亮才知道。

　　停電那天，我離開手機找回寧靜，電來不來都不重要了。

09 智利酒莊裡的外國遊客與台灣女孩

　　葡萄酒的世界不只有種葡萄和釀酒，葡萄酒觀光與旅遊更是一門大學問。在智利特級紅酒區工作的我，每天都會遇到來自世界各地的遊客，從最近的巴西、烏拉圭、阿根廷等南美洲國家，到北美洲的美國、加拿大，甚至是地球另一端的中國、香港、日本等亞洲國家。每一天酒莊裡都會出現長著不同面孔、說著不同語言的遊客們，來自不同地方的人們在我的智利酒莊舉起相同的酒杯，展露一樣的笑容。

　　我所屬的特級紅酒酒窖因為高規格的釀酒設備以及創新的建築設計，因而被酒莊規劃為遊客必經之地，我和同事每天釀酒就像是上演一場實境秀，遊客們不僅常常對著我們拍照，還常常圍著我們問東問西，我們忙釀酒忙得焦頭爛額之外，還得硬擠出笑容耐心地和遊客拍照並回答他們問題。遊客們一進到酒窖裡，首先聞到的是迷人的紅酒香，接著他們會聽見幫浦聲轟隆隆作響，再往前走一點便會看見發酵桶們像是禁衛軍般排排站，最後他們會發現一位在發酵桶間來回穿梭，忙得不可開交的台灣女孩。

　　在南美洲難得出現的亞洲面孔不免吸引遊客多看幾眼，我常常覺得我的存在就是個旅遊景點。一開始我對遊客們注目的眼光略感不自在，穿著工作服又全身沾滿紅酒漬的我站在穿著時尚又一身乾淨的遊客們旁邊，自卑感不禁油然而生。

▲ 酒莊裡每天都有遊客參訪

▲ 每天和遊客相處讓我的釀酒人生多增添一份趣味

但幾個月過去，每天和導遊、遊客相處下來倒也發生許多有趣的事，當初那份自卑感隨著時間逐漸消失，我從遊客們的眼睛裡看見一個不同的自己，一個勇敢又自信的台灣女孩。與導遊與遊客們相處的那些點滴，我還記憶猶新……

🍷點點滴滴之一：智利導遊的早安咖啡。「給你，台灣來的釀酒師。」

「她是台灣來的，酒莊裡最棒的釀酒師。」路西安總喜歡和他的遊客們這麼說。路西安是酒莊裡最年輕的導遊，熱情如火又幽默不已的帶隊方式總是能逗得全場哄堂大笑，每當我遠遠聽到遊客們的笑聲，就知道路西安來了。他一來我就得繃緊神經，因為他總愛和遊客們介紹我，不管我有多忙他都會要我停下手邊工作，拉著我的手就把我帶到眾人面前。「她是台灣來的，酒莊裡最棒的釀酒師。」路西安硬是把我拉到鎂光燈下，遊客們好奇的看著這位台灣女孩用著不流利的西文自我介紹，看著導遊口中這位「最棒的釀酒師」是有多厲害。

我不僅一點都不厲害，更不是釀酒師，我不曉得為什麼路西安總愛

和遊客們這樣説。我從來沒過問，一方面是沒時間找路西安問個清楚，另一方面是我其實挺享受這虛名。一天早晨，路西安遠遠朝著我奔跑而來，手裡拿著一杯熱騰騰的美式咖啡。釀酒的人最需要咖啡，成天被紅酒的紅環繞的我看見黑咖啡的黑竟有股莫名的興奮與感動。「給你，最棒的台灣釀酒師。」路西安搖搖頭，臉頰碰了我臉頰一下，來一個南美洲式的打招呼方式，我終於抓住機會開口問他為何總是稱呼我「釀酒師」，而且還是最棒的。「你一個女孩子為了葡萄酒從那麼遠的地方來智利，這麼獨立的你，我要在遊客面前幫你增加存在感。而『釀酒師』這個詞最能抓住遊客的心了。」他誇張的肢體動作逗得我哈哈大笑，嘴裡的咖啡忍不住噴了一地。「嘴巴擦乾淨，等一下我的遊客要出現囉！獨立的女孩！」路西安遞給我一張面紙，邊跑邊跳地跑開了。

　　我旅行慣了，一個人去到遠方早已是家常便飯，不管離家有多遠、路途有多長，我習慣一個人走。我習慣了獨立，早已經忘記依賴是什麼感覺、什麼樣子。路西安的一番話很有趣，原來在年輕智利男孩的眼裡我很獨立，那麼在遊客眼裡我是不是也是個獨立而勇敢的女孩呢？老實説，我不太在意他們怎麼看我，這些於我都不重要。我喝完手中的熱咖啡，打起精神迎接新的釀酒天，只希望等會兒路西安介紹我時別耽擱了我的工作才好。

點點滴滴之二：「噗噗噗噗噗、吧吧吧吧吧」地解釋紅酒

　　參訪智利酒莊的遊客有百分之八十都來自巴西，熱情又好學的他們最愛扒著我和我的阿根廷同事問問題。但偏偏大多數的他們只會説葡萄牙語，這時候，不僅我的中文和英文顯得毫無用處，就連阿根廷同事的西班牙語派不上用場，我們只能邊猜問題，邊比手畫腳地回答，語言不通的我們因此鬧了許多笑話。

那天我正在為發酵桶做循環，滾滾紅酒被幫浦從發酵桶最底層打到發酵桶最上方，如此一來便能減少紅酒氧化的機會。我連續一個月都在做一樣的事情，因此並不覺得有什麼稀奇，只是機械式般的操作幫浦、連接管線，熟悉的做手邊工作。「可以解釋一下這是什麼嗎？」一位巴西遊客好奇的在一旁端看許久，終於忍不住問我問題。「蛤？」我有聽沒有懂，恰巧當時阿根廷同事又不在場，我只好撐起重擔，硬著頭皮自己解釋巴西遊客的問題。「像這樣，紅酒像這樣噗噗噗噗噗的流到上面去，然後吧吧吧吧吧的留下來，然後拉拉拉拉拉酵母很開心，最後釀出好酒。」我像是牙牙學語的幼兒，用僅有的字彙加上聲音手勢解釋，解釋完後我還不忘大拇指比個讚。我自己說完都覺得心虛又莫名其妙，心裡默默祈禱遊客能懂我在說什麼。但祈禱究竟沒有成真，巴西遊客一臉狐疑，但看我一臉尷尬卻又不好意思再繼續追問，只能不懂裝懂和我說聲謝謝就走開。看著他的背影逐漸離去，我對他感到抱歉，因為語言不通我沒辦法和他解釋我的工作，只能「噗噗噗噗噗、吧吧吧吧吧」地解釋紅酒。我猜那位巴西遊客智利行，因為一位台灣女孩的「噗噗噗噗噗、吧吧吧吧吧」而多添了幾分疑惑，但也多幾分樂趣。

🍷 點點滴滴之三：遇見中國遊客，充當一日導遊

酒窖裡難得出現亞洲面孔。一大早英文導遊帶了五個亞洲人來，他們西裝筆挺又一臉正經，拿著紅酒杯跟著導遊繞著酒窖走。我比平常更忙碌地穿梭在發酵桶之間，因為昨天多來了好幾頓上等的葡萄，今早一定要給葡萄多做循環以免讓氧化問題壞了好酒。我忙得不可開交，沒注意到導遊帶著他的亞洲遊客朝我這邊走來。

「嗨，你能不能告訴我哪個發酵桶裡裝果汁，哪個發酵桶裡裝發酵中的葡萄酒，最後哪邊有發酵完的紅酒。」導遊劈頭就問。每天在這裡工作的我對這個酒窖裡的發酵桶如數家珍，因此能快速地指引導遊方向，同時我也注意到導遊身後這群亞洲人。

　　他們看到我也略為驚訝，在遙遠的拉丁美洲，在充滿智利人的酒窖裡有個亞洲臉孔，他們顯得一臉好奇但卻沒多問什麼，只是拿著紅酒杯繼續品酒。導遊向我道聲謝，繼續帶著這群人往酒窖另一頭走去，我好奇這群人是誰、到底想幹嘛，但我放不下手邊工作，只好藏起好奇心，繼續工作。「親愛的中國貴客，這杯只是果汁，經過一個禮拜的發酵會變成這杯……」導遊邊喝邊用英文解釋，厚重的智利口音讓那群遊客聽得一知半解。「這是在說什麼呀？我還真是有聽沒有懂。」其中一個遊客終於開口，他說著帶捲舌音的中文。

　　在智利要不西文要不英文的環境下，突然聽到熟悉的母語而感覺甚是親切，我終於忍不住停下手邊工作上前打招呼。「嗨！有什麼地方沒聽懂嗎？」人來瘋的個性加上想說中文的慾望，我忍不住篡導遊的位，上前向中國遊客介紹酒窖、發酵桶和紅酒。他們聽得入神、點頭如搗蒜，原來剛才導遊在說什麼他們幾乎沒聽懂，但又不好意思發問，就這樣恍恍惚惚過了一個早上的酒莊巡禮。導遊見狀終於鬆了一口氣，一個早上的講解幾乎沒人回應，就好像在唱獨腳戲一般。他不想讓遠道而來的中國遊客失望，卻又拿不出辦法，於是才想出喝果汁、喝紅酒、喝發酵酒的方法，想讓味覺取代聽覺，讓整場導覽不那麼尷尬。我的出現拯救了遊客和導遊，中國遊客沒白白浪費機票錢來智利酒莊認識葡萄酒，導遊也不用再面對說得口沫橫飛而無人回應的窘境。那晚我踩著輕快的步伐回家，心裡滿是成就感。釀酒與導覽，今天的我一手包辦，幫助了好多人。

▲ 釀酒之餘充當導遊

傳說……酒窖裡有鬼

我到過的每個酒莊都有一個鬼故事。在紐西蘭，鬼是酒莊的看門狗，大家相信它會在晚上出來趕走偷吃葡萄的鳥兒；在美國的鬼是酒莊創始人伊莉莎白女士，她的靈魂默默地守護酒莊，守護每一位工作的人。然而智利的鬼，卻是因為工作意外而死掉的冤魂，據說他們每天晚上都在酒窖最深處淒厲地哭嚎，試著逃出塵封的酒窖。

酒莊裡最黑暗也最陰涼的地方是個堆放橡木桶的酒窖，昏暗的燈光下，數以千計的橡木桶排像是一列列軍隊靜靜地守候沈睡中的紅酒。石頭砌成的牆讓酒窖更顯陰冷，燭光一閃一爍為這裡發生的故事蒙上一層神秘的氣息。來這裡的遊客從不曾進入酒窖最深處，導遊在酒窖門口蜻蜓點水式的介紹一下後就不往前走，好似前方的秘密太可怕。在酒莊工作許久的老員工，經過酒窖不免眉頭深鎖，搖搖頭嘆息。值夜班的同仁對這裡避之唯恐不及，他們說夜晚總有淒厲的嘶吼聲迴盪在空蕩蕩的酒窖，那聲音痛苦又悲愴，傳說聽到嘶吼的人心會像是被下蠱一樣，失神地往酒窖深處走，最後消失在酒窖深處。

前幾天中午其他同事們結伴想去探險，但路經酒窖門口時，隨隊的狗兒卻發出哀鳴並且打死不再往前踏一步，頭也不回地跑開。大家見狀一陣背脊發涼，因而打消了進去酒窖的念頭。我一直都對酒窖的故事充

滿好奇，雖然不想進去，但還是想知道大家口中黑暗又恐怖的秘密。一天上班，一個未曾謀面的智利同事在特級紅酒區出現，他正要用幫浦運送釀好的葡萄酒到神秘酒窖的橡木桶裡。看他正要運送紅酒前往傳說中的神祕酒窖，我忍不住和他提起前幾天狗兒在酒窖前哭嚎的事。「沒事啦，我一點都不怕，我在這裡工作十年了一點事都沒有。」我看他

▲ 酒窖門口。隨隊狗兒在這裡哀鳴，不敢再往前踏一步。

對大家避之唯恐不及的酒窖竟一點懼怕都沒有，忍不住問起他這個塵封已久的故事。他娓娓道來十年前發生的意外⋯⋯

　　「事情發生的時候約莫是十年前四月份，大概就跟現在差不多吧，正好是酒莊的忙季。和我一樣，那天夜班一對兄弟檔接到釀酒師工作單，正準備合作運送紅酒到那個酒窖去。他們開了幫浦，酒也成功送到另一端酒窖裡的橡木桶，一切看似正常沒問題。但就當他們走到酒窖裡檢查紅酒狀況時，不曉得誰早上開了二氧化碳忘記關，他們一下就暈倒過去，頭硬生生地撞了一下地板血流不止，就這樣過世了。隔天一早其他人發現時，紅酒和血混成一攤紅，他們已經成了冷冰冰的屍體躺在地上。這是酒莊成立百年來發生過最大的意外，總裁當然想把整件事情壓下來，於是他付了賠償金給兄弟檔家人，並要其他酒莊所有人絕口不提這件事。意外過後，

有些人謠傳晚上會聽到酒窖裡有人在哭，或許只是狗鳴，但愈來愈多人說他們都聽見哭嚎，鬼故事的謠言也就傳了出去。但我從不害怕，工作重要。」我聽得目瞪口呆，雞皮疙瘩掉滿地。

「對了，我叫約翰喬瑟夫，很高興認識妳。」他面無表情地說完整個故事，隨後補上一句自我介紹。「謝謝你告訴我這個故事，聽起來蠻可怕的，我還是不要進去好了。工作加油！」心中疑惑已久的謎終於解開，我趕忙向他道謝。他對我笑了笑，轉身繼續他的工作。

中午休息時間我和同桌的智利同事們聊起早上聽到的故事，還提到勇敢的約翰喬瑟夫一點都不怕，一個人完成運葡萄酒到神秘酒莊的故事。「約翰喬瑟夫？是你發音不好還是我記憶不好，有這個人嗎？」智利同事們一臉納悶，我看見他們的反應不僅一臉狐疑，背脊也開始發涼。

「我對約翰喬瑟夫是沒印象啦，但十年前發生那個意外的兄弟檔，好像一個叫約翰，一個叫喬瑟夫。」一位在酒莊工作二十年的老同事這麼說……。

▲ 十年前發生事故的神秘酒窖

努力不是為了收穫，
而是為了享受過程

　　清晨五點，刺耳的鬧鐘聲刺破寧靜的夜，我睡眼惺忪地按掉鬧鐘，拖著沈重的身體硬是從溫暖的被窩裡爬起來。室友們都還沉睡著，我屏著息、掂著步伐靜悄悄的走出房間。來到空無一人的客廳，我在身上裹上一層層厚外套，泡了杯熱茶接著打開筆電。筆電的藍光照亮了黑暗的客廳，筆電的藍光趕走了我的瞌睡蟲，也開啟我的每一天。我在寫書，寫一本關於追尋葡萄酒的書，寫一本關於夢想的書，一本關於努力與收穫的書。

　　在去智利酒莊工作前，我意外接到出版社詢問出書的邀約，也是我啟程前天外飛來的大禮。那時我便告訴自己不管工作再怎麼忙，都要為了出書全力以赴。於是我每天清晨起床寫書，我不停地寫，總是希望自己能擠出多一些文采，希望自己能用我的文字感動更多的人，啟發更多的人。

　　胡適先生說：「要怎麼收穫先那麼栽。」這我倒不同意，我努力從不為了收穫，對我來說努力的過程才最重要，對出書是這樣，對葡萄酒是這樣，對人生更是這樣。努力之後若沒結果呢？如果失敗了豈不是白忙一場？這些問題我也不是沒自我懷疑過，但憂慮又能如何呢？這些憂慮全都建立在「結果論」上，若以結局來看人生，那放遠來看大家結局都一樣，大家都相見九泉之下。既然如此，那麼何必在乎努力會不會有收穫呢？

　　對我來說，最大的收穫就是享受努力的過程。從踏進葡萄酒世界的第一天起，我每天為了夢想披星載月、早出晚歸，就連休息時間也忘不了葡萄酒。為了葡萄酒，我不曾停下腳步，一直都在努力。但努力不一定有收穫，不管是一開始到處碰壁找不到酒莊，或是夢想途中受到他人冷嘲熱諷，這些

困難與磨練都是我的葡萄酒之路上的絆腳石，我因此而摔得鼻青臉腫，懷疑終點到底在哪裡。我旅遊各地學酒，一路上雖說不上披荊斬棘，但也跌跌撞撞地一步步往前邁進。漸漸的，葡萄酒讓我學會與困難共處，學會享受不舒服，學會不再狼狽不堪地追逐收穫。我一直在追逐遠方，才發現遠方原來就是每一個當下。

在智利，我努力克服語言障礙；努力融入南美洲文化；努力釀特級紅酒，更努力寫書記錄我的人生故事，對於我愛的每件事我總是全力以赴。每天面對西班牙文都是挑戰，每天和南美洲人共事都會身心俱疲，每天為了釀出好酒都累得腰痠背痛，每天為了寫書都睡眠不足。整件事若以結果論來看，我是個傻子，把自己丟到太平洋的另一端受盡一切辛苦，收穫在哪卻不知道。但換個角度以「過程論」想，練習西班牙文的每一天我的語言都在進步，和南美洲人共事讓我做的更多卻也學得更多，釀特級紅酒身體雖累但心卻因努力而滿足，寫書的每一天我都在記錄人生。我不是傻子，我是最幸運的人。

我努力不是為了收穫，而是為了享受過程。於是我繼續寫書，繼續釀酒，繼續築夢，繼續享受人生。

夢想最終站，未來第一站：
法國波爾多大學錄取通知信

每段故事總有一個結局，我的葡萄酒旅程終於來到最後一章。

回想這一路走來，有丟掉第一志願標籤的豪邁，有放棄過去的奮不顧身，有遇見朋友與愛人的幸運，更有不願妥協的勇敢。過去這一年我的生命曲折卻精彩，每一天每一刻我都用力地活著，盡全力做自己喜歡的事。僅管大部分的時間我都踏實而快樂，然而，我心裡卻一直有個大大的遺憾──歐洲研究所沒申請上。

去年研究所落榜對我來說是一個很大的挫折，只有會計背景而沒有任何釀酒學背景的我，工作時常常知其然而不知其所以然，有太多釀酒的化學變化我無法理解，有太多農業科學超越我理解範圍。常常，我都很羨慕釀酒師同事們談起釀酒學就能侃侃而談，邊說著自己國家的葡萄學，邊談著自己未來要釀出什麼酒，而我只能聽這群釀酒師們幻想未來的藍圖，我的會計學背景釀不出葡萄酒。過去一年來，我邊做邊學，終於學了點皮毛，但要深入葡萄酒這個世界，我需要更專業的學程。四處工作的期間，我從沒忘記念葡萄酒的初衷，從寄出申請文件的那天，我心裡就一直惦記著歐洲的葡萄酒研究所。

如果今年研究所沒上，我還真不知道我接下來該去哪裡了。過去這一年來，我過著如候鳥般南北遷移的生活，幾乎每半年就換一個國家住。儘管為了葡萄酒在所不惜，但有著標準巨蟹座個性的我其實很想找個殼定下來，一個被葡萄酒包圍的殼。三月的智利才正要開始釀葡萄酒，另一端的法國研究所已經蠢蠢欲動，開始面試今年的研究生候選人。那天我正在揀葡萄，把

枯枝爛葉及爛葡萄挑掉，只留下上等葡萄用以釀出上等葡萄酒。揀葡萄時手忙得不可開交，但心卻能靜下來想未來，但說是想未來，其實更多的是不安與惶恐，下一步到底在哪裡？研究所到底放榜了沒？我的葡萄酒之路絕不可以停下來，我堅定的告訴自己。

我很幸運。在智利工作第一天的中午休息時間，我就收到有史以來最令人振奮的消息，一封來自法國波爾多的電子郵件。

> 親愛的蘋：
>
> 我們很高興通知你通過第一階段的篩選，我們希望與您進行一場skype面試……錄取與否將在面試後通知。

一封來自波爾多大學的面試通知信讓我的心揪在一塊，一方面開心通過第一階段篩選，另一方面卻又緊張即將發生的視訊面試。努力了這麼久、放棄了這麼多，現在夢想中的未來離我只有一步之遙。在紅酒首都波爾多的這個法國學程結合了釀酒學與商業學，目的是要培養會釀酒又懂商業的全方位葡萄酒人才，對於我來說是再適合不過了。

一星期後的星期一早晨，來自法國的skype電話響起……。面試我的分別是葡萄種植學、釀酒學與商業學的教授，整場面試說穿了只有一個問題：

「談談你的人生吧，我看你履歷上寫你曾在會計師事務所工作，現在卻在智利釀酒，中間到底發生什麼事了？」

　　親愛的讀者，現在你知道中間發生什麼事了，中間發生的事是一個倔強的女孩築夢踏實的故事。至於故事的結局呢？夢想成真了嗎？兩星期後我收到來自波爾多的錄取通知信。

　　法國，夢想最終站，我的葡萄酒未來第一站。

　　我的故事說完了，你呢？

　　你的故事是什麼呢？你的故事將會是什麼呢？

後記

爸爸和媽媽

寫給我的一封信

爸爸寫給我的一封信

親愛的蘋：

　　今天爸爸的一位老朋友問起了妳的近況，我說妳現在在智利工作，正準備要去法國念書。她跟我說妳很棒總是很有想法，我沒多說什麼只是微微一笑。妳在國外過得好嗎？看妳每次打電話給媽媽都只有短短十分鐘，總是說自己很忙要寫書、要工作、要打電話給男朋友，妳留給爸媽的時間愈來愈少了，我和媽媽有好多話想跟妳說，但妳總是很快地掛斷電話去忙妳的事。

　　蘋，不知不覺間妳長大了。從小妳就是個就樂觀開朗的女孩，不管我帶妳去哪裡玩妳都笑得很開心。我喜歡牽著妳小小的手，看著妳大大的眼睛對這個世界充滿好奇。還記得妳小時候總是吵著要爸爸牽、要爸爸抱嗎？爸爸會牽著妳過馬路，牽著妳去河濱公園放風箏，牽著妳爬遍台北的每一座山，牽著妳走過好多地方。我現在還真有點後悔當初沒多抱抱妳、多牽牽妳。現在妳的手不給我牽了，有另一個來自加州的男孩牽著妳的手，爸爸很欣慰但卻又有點捨不得。

　　那天妳眼神堅定地看著我跟媽媽，說妳要去紐西蘭釀酒，連表達意見的機會都不給我和媽媽。我唸了

妳一頓，妳跑進去房間躲起來一直哭，爸爸在外頭聽
了好心疼，但又拉不下臉去安慰妳。孩子，我煩惱的
不是妳放棄的會計師前途，我擔心的是妳一個女孩子
在國外萬一出事了，我們遠水救不了近火該怎麼辦？

　　我的寶貝女兒怎麼不留在台灣好好過日子，一個
人跑去國外受這麼多磨難。偷偷告訴妳，妳剛去紐西
蘭的時候，爸爸常常胸悶又心悸，我猜自己是得了心
血管疾病。我當時沒跟妳說，怕妳在國外擔心，於是
媽媽陪我去醫院檢查。我問醫生我是不是生病了，醫
生仔細地檢查我的身體，卻檢查不出異狀，他說我身
體很健康。後來醫生問我最近生活是不是有很大的轉
變，是不是有什麼事讓我揪心，我才想到是妳。我擔
心妳擔心到心臟好痛，但我不好意思打給妳。

　　那天妳從紐西蘭打來，電話另一頭的妳在夢想路上
似乎都過得這麼快樂又充實，爸爸好高興。但我擔心的
老毛病又犯，總是報喜不報憂的妳，是不是真的過得很
好呢？爸爸要媽媽把電話開擴音，妳和媽媽聊了好多，
爸爸在一旁沒多說話，只是靜靜聽妳的聲音。

　　紐西蘭回台後，我以為妳會回來我身邊，沒想到
妳卻說接下來要去加州繼續學酒。爸爸不懂葡萄酒，

不懂為什麼妳可以這麼喜歡，為它放棄在台灣擁有的一切。妳回國第一天我去機場接妳，一上車我忍不住又罵了妳一頓，說妳出國玩葡萄酒玩上癮了，頂著台大學歷去國外當工人。我話說重了，原本回家該開心的妳，被我的一番話傷透了心，在我的車上不停地哭。爸爸是刀子嘴豆腐心，好不容易回家的妳又要去另一個國度，我捨不得呀！但在妳面前，我把我的不捨包裝成罵妳。看妳被我弄哭，我不知道如何是好，只能靜靜地開著車，心如刀割。

　　現在妳拿到法國研究所的入場券了，爸爸心裡好替妳開心，但我沒有表達出來。我在家裡的LINE群組裡傳給妳一個貼圖後，就沒再多說什麼。但親愛的孩子，要記得不管妳飛得多高多遠，未來會在哪裡定下來，爸爸都在台北等妳。現在我偶爾會翻翻老照片，看見我當時還是年輕氣盛的小伙子，妳是我手中哇哇大哭的嬰兒，那些日子妳是爸爸的，我負責妳的安全。現在妳長大了，妳學會照顧自己，遇到挫折也不輕易大哭，但爸爸還是想負責妳的安全。

　　蘋，家裡的門永遠為妳敞開。

媽媽寫給我的一封信

我的寶貝女兒蘋：

　　媽媽今天幫妳去廟裡拜拜，祈求妳在國外一切平安，還替妳向文昌君還願喔！媽媽好開心妳上了法國的研究所了。妳是個特別的小孩，總是做一些我和爸爸意想不到的事，這次出國學酒也不例外，我常常覺得妳莫名其妙。親愛的孩子，媽媽希望妳放鬆一點，別把自己逼太緊了。從小妳自我要求就很高，一路督促自己盡全力過每一天，於是妳考上第一志願，畢業後也找到了一份好工作。有一回妳問我對妳有什麼看法？蘋，媽媽從來沒希望妳有成就賺大錢，媽媽只希望妳平安。

　　妳是個幸運的孩子，我希望妳知足。妳有本錢追尋妳的夢想是因為家裡不需要妳操心，因此妳能無後顧之憂地出國。世界上有好多跟妳一樣年紀的女孩需要擔心家計、照顧家人，她們沒辦法出國尋夢。看妳在外頭過得自由自在，夢想之路一路順遂，每天踏踏實實做妳想做的事，媽媽很欣慰。妳不常打電話回家，媽媽猜妳每天都忙得焦頭爛額，妳有沒有好好照顧自己呢？累了要休息，不要把自己身體弄壞了。

　　你是女生，我想得比較多。還記得當初你跟我說要去紐西蘭，我除了擔心你的安危外，其實也很擔心你的未來。你這樣跑來跑去，能不能找到未來的另外一半呀？別怪媽媽想太多，我總是希望有人能夠照顧你，你這傻大姐個性一忙起來就忘記生活，媽媽希望你能找到對的男孩，牽起你的手開啟人生的新篇章。

　　家裡有個神奇小孩，媽媽能說什麼呢？哎，安全第一啦！我來幫你拜拜。拜文昌、拜媽祖，順便拜一下月老好了（你爸在旁邊說我亂拜月老，他吃醋啦！不理他，我來幫你祈福）。

媽媽

不管我身在何處，
永遠都在背後支持我的爸媽！

忍不住還想再和你分享一些生活點滴